René Diekstra · Pflaster für die Seele

René Diekstra

Pflaster für die Seele

Wie man mit
Alltagsdepressionen
fertig wird

Aus dem Niederländischen
von Tina Huber-Hönck und
Martina Sander

Kabel

Titel der niederländischen Originalausgabe:
ALS LEVEN PIJN DOET
A. W. Bruna Uitgevers B. V. Utrecht

Umschlagentwurf: Theodor Bayer-Eynck
Gesamtherstellung: Clausen & Bosse, Leck
ISBN 3-8225-0180-8

1 3 5 7 9 10 8 6 4 2

Inhalt

Einleitung 8

Die Harmonie von Mist und Rosenduft 11

1 Depressiv, aber warum? 14

2 Minderwertigkeitsgefühle 17

3 Einsamkeit 30

4 Wenn du dich selbst langweilig oder wenig anziehend findest 42

5 Wenn du oder jemand, den du kennst, aus dem Leben gehen will 70

6 Beziehungen: Himmel und Hölle 92

Schluß: Warum du heute beginnen mußt 164

Ende oder Anfang

Es war einmal ein Vater, der mit seinem kleinen Sohn in ein fernes Land reiste. Unterwegs mußten sie über einen hohen Berg, und nicht weit vom Gipfel verbrachten sie die Nacht in einer Hütte. Als der Tag anbrach, vertrieb die Sonne die Dunkelheit und färbte mit ihren Strahlen die mit Schnee bedeckten Berggipfel flammend rot.

Der Junge wurde wach. Er sah den rotglühenden Himmel und den brennenden Berg. Er war noch klein und konnte nur durch den obersten Teil des Fensters nach draußen sehen. Er begriff die Glut dort draußen nicht und war erschrocken. Das Verlangen nach der Geborgenheit und Sicherheit seines Zuhauses stieg in ihm auf, und er wünschte, daß er nie mit seinem Vater mitgegangen wäre.

Die aufgehende Sonne erwärmte den Schnee, der sich von der Bergwand löste und als donnernde Lawine ins Tal stürzte. Das schreckliche Geräusch jagte dem Jungen noch mehr Schrecken ein als der brennende Himmel. Er lief zu seinem Vater, schüttelte ihn wild hin und her, um ihn zu wecken, und rief: »Papa, Papa! Wach auf! Wach auf! Das Ende der Welt!«

Der Vater öffnete seine Augen und setzte sich aufrecht hin. Er konnte durch das Fenster, das für seinen Sohn noch zu hoch war, alles deutlich sehen. Er nahm die Hand des Jungen in die seine und sagte: »Nein, mein Junge, das ist nicht das Ende der Welt. Das ist der Anfang eines neuen Tages.«

Einleitung

Dieses Buch geht von der Idee aus, daß ein Mensch – um eigenständig leben zu können – von anderen abhängig ist. Es gibt eine Menge Dinge im Leben, die man allein, und eine Menge anderer, die man nicht allein tun kann.

Einmal fuhr ein Auto an mir vorbei, das auf der Rückscheibe einen Aufkleber hatte: »Don't follow me. I am lost too.« (Folge mir nicht. Ich habe mich auch verirrt.) Das passierte gerade in einem Moment, in dem ich selbst den Weg verloren hatte.

Offensichtlich ist Leben immer eine Irrfahrt. Wenn man allein ist, irrt man herum. Wenn man anderen folgt, irrt man auch herum. Aber nur, wenn man jemals einem anderen gefolgt ist, hat man eine Vorstellung, ein Kriterium, um einen eigenen Weg zu bestimmen, etwas, gegen das man seinen eigenen Weg absetzen kann.

Dieses Buch ist ein Weg zu deinem eigenen Weg.

Ich schreibe für Menschen aller Richtungen, für Menschen ohne Richtung, mit halben Richtungen und für Menschen, die nach einer Richtung suchen. Ich ermutige dich, auf irgend etwas zuzugehen, da du sonst wohl irgendwann einmal nirgends mehr wirst bleiben können.

Dieses Buch ist ein Weg, den ich angelegt habe, indem ich anderen gefolgt bin. Einer dieser anderen ist Albert Ellis, der letzte noch Lebende unter den großen Psychotherapeuten (wie Sigmund Freud, Carl Rogers, Fritz Perls). Sol Gordon, wie ich Schüler von Albert in New York, ist ein anderes Vorbild gewesen. Sein eigenes Buch *When Living hurts* enthält viele von Alberts und meinen Gedanken, genauso wie dieses Buch von Sols und Alberts Gedanken und Formulierungen durchsetzt ist. Augenscheinlich ist es mit einem Buch genauso wie mit einem Menschen. Es ist von anderen abhängig, um eigenständig bestehen zu können.

Dieses ist ein Buch für Menschen, die anderen Menschen mit Schwierigkeiten helfen möchten. Es ist auch ein Buch für diejenigen, die sich selbst einsam, depressiv und lebensmüde fühlen. Der Kern meiner Botschaft ist, daß wir alle die Hüter unserer Brüder und Schwestern sind und daß das beste Gegengift für Gefühle wie Hoffnungslosigkeit, Hilflosigkeit, ungeliebt sein, Ungerechtigkeit und Verzweiflung ist, auf eine gute Art und Weise zu leben.

Dieses Buch beschreibt, wie man mit Enttäuschung und Unvollkommenheit so gut wie möglich leben kann, so gut wie möglich umgehen kann in einer unvollkommenen, unfertigen Welt.

Es ist eine Tatsache, daß das Leben zu einem Großteil aus Dingen besteht, über die man sich Sorgen macht, die einen sehr beschäftigen; nicht nur persönliche Dinge, sondern auch die allgemeine Weltlage: Hunger, Überbevölkerung, Folter, Krieg, Verbrechen, Katastrophen, Verzweiflung, persönliche Tragödien. Das Leben kann unehrlich, unglücklich, uninteressant, öde oder langweilig sein, für große Teile des Tages oder für Jahre. Fast jeder Mensch hat schlechte Stimmungen, depressive Perioden, verliebt sich in jemanden, der ihn nicht liebt.

Das Leben kann auch voller Freude, Spaß und aufregender Dinge sein. Diese Phasen dauern oft nicht lange, sind darum aber nicht weniger reell.

Die meisten Bücher, die geschrieben werden, um Menschen bei ihren Problemen und Gefühlen zu helfen, sind Selbsthilfebücher, die so tun, als ob du selbst das Problem seist. Dieses Buch macht das nicht; es erkennt den Schmerz der Wirklichkeit an, aber es sagt auch, daß es einen Weg gibt, sich selbst zu verändern, sich selbst neuen Lebensmut zu machen, indem man anderen hilft, indem man nach etwas strebt, das außerhalb des eigenen Schmerzes liegt.

Depressivsein ist ein Zustand, in dem der Schmerz, den man sich selbst oder den das Leben einem zufügt, zeitweise so groß ist, daß man dadurch niedergedrückt, vielleicht sogar niedergeschlagen wird. Man kann sich selbst, anderen und der Welt nicht mehr aufrichtig – und oft auch nicht mehr aufrecht

– gegenübertreten. Ein depressiver Zustand unterminiert das Bild, das man von anderen hat, und auch das Bild, das man von seiner Zukunft hat.

Depressiv sein bedeutet Einsamkeit, wenn man allein ist, aber auch oft Einsamkeit, wenn man mit anderen zusammen ist. Depressionen sind nicht nur eine Mischung aus Angst und Traurigkeit. Sie sind oft auch aufgestaute Aggression, Ärger und Wut, mit denen man nicht der Welt, sondern höchstens sich selbst zu Leibe rückt. Auf alle Fälle durch Negativ-, Schuld- und manchmal sogar Haßgefühle sich selbst gegenüber. Aber manchmal auch buchstäblich dadurch, daß man seinen Körper mit Alkohol, Tabletten, Essen vergiftet oder sich absichtlich verwundet oder in Gefahr begibt.

Die Neigung zur Depressivität kann (muß aber nicht!) erblich bedingt sein. Aber ob das nun so ist oder nicht, was zwischen dir und anderen Menschen – deinen Eltern, Partnern, Kindern, Kollegen – passiert oder (früher) passiert ist, spielt nahezu immer eine entscheidende Rolle.

Dieses Buch behandelt alle diese Seiten von Depressivität. Es geht dabei auch um das, was du für dich selbst oder für jemand anderen tun kannst, der sich in einer momentanen Verzweiflung festgefahren hat. Es will dir helfen zu entdekken, daß ein bißchen Weisheit, Tagträume und Risikobereitschaft manchmal Möglichkeiten eröffnen, an die du nie gedacht hast.

Ich kann nicht auf alles eine Antwort geben, sogar auf das meiste nicht, aber ich kann in jedem Fall versuchen, meine Aufmerksamkeit auf viele deiner Fragen zu lenken. Gib dir darauf selbst eine Antwort, schlage deinen eigenen Weg ein, vor allem, wenn es um kontroverse Dinge geht. Hoffentlich machst du es auf eine Art, die dir hilft, die Welt zu verbessern.

René Diekstra

Die Harmonie von Mist und Rosenduft

Die junge Frau, die an dem bewußten Morgen in meine Praxis trat, schien sozusagen der Titelseite eines dieser schicken Modeblätter wie Vogue *oder* Avenue *entstiegen zu sein. In einem bestimmten Sinn war sie das auch. Sie hatte bereits eine Karriere als Mannequin hinter sich und leitete nun selbst eine Modelagentur.*
In der Psychologischen Klinik in New York, in der ich zu der Zeit arbeitete, hatte ich mich inzwischen schon daran gewöhnt, daß die Menschen in Manhattan die merkwürdigsten Probleme haben können. Ihr Problem bildete darum keine Ausnahme.
In Kürze lief es hierauf hinaus: Mit neunundzwanzig Jahren hatte sie vier Beziehungen hinter sich, die alle mit einer fast wahnsinnigen Verliebtheit angefangen hatten. Aber nachdem sie ein Jahr oder länger auf diesen Wellen der Ekstase herumgetrieben war, war jedesmal von einem Tag auf den anderen alles aus und vorbei. Danach brach für sie eine Periode mit intensiver Traurigkeit, Niedergeschlagenheit und Freßanfällen an. Da diese Gefühle oft erst dann wieder verschwanden, wenn sie einem neuen Partner begegnete, hatte sie einerseits für sich selbst den Gedanken entwickelt, daß die folgende Beziehung die Medizin für die vorherige darstellte. Andererseits erfaßte sie gefühlsmäßig, daß sie so nicht endlos weitermachen konnte. Also war sie auf die glänzende Idee gekommen, zu einem Psychologen zu gehen.
Ihre Frage an mich war die folgende: »Zeig mir, wie ich lernen kann, mich hinterher nicht so traurig und niedergeschlagen zu fühlen und nur die schönen Erinnerungen zu bewahren.«
Es kostete mich ziemliche Mühe, ihr klarzumachen, daß nicht ihre Reaktion auf den Verlust einer Liebesbeziehung »gestört« war, sondern ihre Frage an mich. Denn ein Berg ist

genauso hoch, wie das Tal tief ist. Ein Mensch, der keinen Schmerz oder keine Traurigkeit spüren kann, kennt auch kein echtes Glück. Traurigkeit und Deprimiertsein sind normale Reaktionen auf den Verlust von etwas, das uns wirklich Glück geschenkt hat, bestimmt aber, wenn der Verlust plötzlich kommt. Nur darum konnte meine Patientin so ekstatisch verliebt sein, weil sie so erbärmlich traurig sein konnte. Offensichtlich verkauft uns das Leben beide Sorten von Gefühlen nur in einem Paket. Einzeln sind sie schwer oder gar nicht zu bekommen.

Die tiefere Wahrheit, die dahinter liegt, besagt, daß alles nur durch seinen Gegenpol existiert. Es kann nur Nacht werden, wenn es einen Tag gibt. Und umgekehrt kann es nur hell werden, wenn es jetzt dunkel ist. Ein Blumenzüchter, dem es offenbar nicht an Lebensweisheit mangelte, drückte es einmal so aus: »Um eine schöne, herrlich duftende Rose zu züchten, muß man eine Menge Mist anfahren.«

Derjenige, der sowohl mit der Rose als auch mit dem Mist leben kann, ist ein »harmonischer« Mensch im ursprünglichen Sinne des Wortes. Die Griechen der Antike hatten in ihrer überbevölkerten Göttergalerie auch eine Göttin mit dem Namen Harmonia. Nach der Überlieferung war sie die Tochter des Kriegsgottes Ares und der Göttin der Liebe, Aphrodite.

Für die Griechen war Harmonie also nicht der Zustand von Heiterkeit, innerem und äußerem Gleichgewicht, woran wir meistens denken, wenn wir das Wort benutzen, sondern ein Prozeß fortwährender Wechselwirkung zwischen Streit oder Uneinigkeit und Liebe oder »Verschmelzung«. Harmonische Menschen liegen einmal mit sich selbst oder mit anderen in Streit, ein anderes Mal ist es Rosenduft und Mondschein. Es ist niemals nur das eine oder das andere.

Wir können uns Harmonie ungefähr wie einen Tanz vorstellen, bei dem sich beide Partner einmal aufeinander zu, dann wieder voneinander weg bewegen. Beide Bewegungen sind Grundlage des Tanzes, und wenn eine fehlt, gibt es keine Bewegung, keine Entwicklung, keinen Tanz also.

Auf die gleiche Weise ist eine harmonische Kommunikation mit sich selbst oder mit anderen ein fortwährender rhythmischer Wechsel von Zufriedenheit und Unzufriedenheit, von Glück und Deprimiertsein, von Kritik und Komplimenten. Niemals nur das eine oder das andere. Fortwährende Selbstkritik oder Kritik an jemand anders, ohne jegliche Form von Wertschätzung oder Zuneigung, steht stellvertretend für Feindseligkeit. Aber ausschließlich Wertschätzung oder Lob spenden, ohne einige kritische Randbemerkungen, ist Schwärmerei, Manipulation oder Schauspielerei.

Die Tragik der meisten Leben ist, daß sie blutleer, öde, langweilig oder unglücklich werden, gänzlich festgefahren, weil wir nur eine Seite unserer Wirklichkeit akzeptieren wollen.

Offensichtlich können wir Harmonie nur durch inneren Kampf erreichen. Das heißt unter anderem: sich trauen zuzugeben, daß wir uns in bestimmten Momenten uns selbst nicht gewachsen fühlen, daß wir uns wie die Pest hassen, auch unsere Eltern, unsere Kinder und unseren Partner, daß wir uns dafür schlecht oder schuldig fühlen können, aber daß es nichts daran ändert, weil es manchmal einfach so ist und weil es manchmal zu Recht so ist. Wie schmerzlich es auch sein mag. Für einen selbst und für die anderen.

1
Depressiv, aber warum?

Manchmal ist die Zukunft bedrohlich, düster. Es bleibt dir nichts anderes übrig, als auf eine möglichst charmante Art und Weise deine Zeit abzusitzen.

Meine Kindheit bestand aus sehr vielen Jahren voller Konflikte, voller Einsamkeit, die ich selbst nicht begriff, voller Heimweh, um das ich nicht gebeten hatte, mit Eltern, die meine Gefühle oft nicht zu schätzen wußten oder nicht begriffen. Es gab Zeiten, in denen ich damit lebte; ein bißchen weinen und ein bißchen auf den Tag vertrauen, an dem... Ich dachte manchmal an Selbstmord und stellte mir dann vor, daß es jedem dann leid tun würde, wie er oder sie sich mir gegenüber verhalten hatte. Es war schwer, nicht an ungerechte und aussichtslose Möglichkeiten zu denken, um da herauszukommen.

Ich begann, mich besser zu fühlen, als ich siebzehn, achtzehn war. Damals begriff ich es nicht, aber wenn ich heute zurückblicke, dann ist mir klar, daß ein paar Dinge dabei eine große Rolle gespielt haben. Das erste war, daß ich anfing – wie ich dazu kam, weiß ich nicht mehr –, Menschen zu suchen, mit denen ich über die Gefühle und Gedanken, die mich beschäftigten, reden konnte. So begann ich zu entdecken, daß nichts Verkehrtes daran ist, wenn man sich in bestimmten Momenten unglücklich und deprimiert fühlt. Ich entdeckte auch, daß solche Gefühle oft weniger schwer und drückend erscheinen, wenn man sie ausspricht.

Das zweite war, daß ich auch öfter mit mir selbst über meine Gefühle zu sprechen begann. Ich führte ein Tagebuch, schrieb manchmal Gedichte, lernte den Text von (deprimierenden) Popsongs auswendig und variierte sie, las Bücher, Bücher und nochmals Bücher...

Der dritte und vielleicht der wichtigste Punkt war der, daß

ich »unpersönliche« Interessen entwickelte. Ich beschloß, bestimmte Dinge, bestimmte Kenntnisse und Fähigkeiten gut lernen zu wollen. Auf diese Weise konnte ich doch gefesselt, vertieft, mit etwas beschäftigt sein, auch wenn niemand da war, der meine Zeit in Anspruch nahm. Ich bemerkte auch, daß mich meine Interessen für andere interessanter machten, so daß ich mit ihnen immer öfter andere Dinge tat, als nur über meine Probleme mit mir und der Welt zu sprechen.

Aber trotz all der »Tricks«, wie ich sie oft wütend nannte, konnten die Selbstzweifel und die Zweifel an dem »Sinn von all dem« plötzlich doch wieder zuschlagen und mich für kürzere oder längere Zeit lähmen. Das waren die Augenblicke, in denen ich all meine Überzeugungskraft und Propagandatricks nötig hatte, um mir selbst einzuprägen, daß alle Lebensprozesse, also auch meine Stimmungen, eine Wellenbewegung darstellen. Der Groschen für diese Einsicht fiel, als ich auf einen Ausspruch des großen Schriftstellers Thomas Mann stieß: »Eine große Wahrheit ist eine Wahrheit, deren Gegenteil auch eine große Wahrheit ist.«

Das Leben hat einen Sinn und ist sinnlos, es ist Himmel und Hölle, es ist Glück und Depression. Mit etwas Weisheit und Anstrengung kann man höchstens an dem Verhältnis zwischen beiden etwas ändern.

Viele Menschen fühlen sich unglücklich, weil sie unberechtigte Forderungen an sich, an andere und an das Leben stellen. Also fühlen sie sich zu Unrecht *unglücklich*, was meistens einhergeht mit Symptomen wie: Angst vor anderen Menschen, Angst, im Mittelpunkt zu stehen, Angst vor hohen und engen Räumen, große oder kleine körperliche Schmerzen, ohne daß man krank ist, eine schlechte Verdauung, Mangel an Eßlust oder der Drang, Unmengen zu essen, zwanghafte sexuelle Handlungen oder Gedanken, von denen man wirklich nichts hat.

Durch solche Symptome wird dein Unglücklichsein nur noch verstärkt, und manchmal wird das Symptom sogar noch schlimmer als das Leiden (also der Grund, warum man sich zu Anfang unglücklich oder niedergeschlagen gefühlt hat).

Aber es gibt auch eine Form von Unglücklichsein, die berechtigt ist, die dadurch entsteht, daß berechtigte Forderungen und Erwartungen an das Leben sich nicht erfüllen. Berechtigt unglücklich ist man im wesentlichen, wenn man sich traut, den Schmerz darüber zu erfahren und auszudrücken, daß man nicht mehr hat, was man gern behalten hätte (Arbeit, Gesundheit, eine Liebe), oder daß man nicht das bekommen kann, wonach man strebt. Es ist etwas, das nur dich betrifft, ohne Schuldgefühl, Anschuldigung oder verletzten Stolz, und darum ist es oftmals etwas Würdevolles, manchmal sogar Heroisches. Im nachhinein scheint es meistens eine gute Lernerfahrung zu sein.

2
Minderwertigkeitsgefühle

Sich schlecht, niedergeschlagen, elend fühlen ist eines der meist verbreiteten Leiden der Menschheit. Ich rede hier nicht über Menschen, die an einer ernsthaften Depression leiden – Wochen, Monate, manchmal Jahre lang; das ist ein Zeichen einer schweren psychischen Störung. Ich rede hier über das alltägliche Deprimiertsein, das jeden von Zeit zu Zeit überkommt, aber an dem einige von uns öfter leiden als andere.

Meistens werden solche Gefühle durch ein bestimmtes Ereignis, ein Mißgeschick, einen Verlust hervorgerufen, aber sie dauern an oder verschlimmern sich durch irrationale Gedanken, wie zum Beispiel sich selbst für etwas beschuldigen, für das man nicht verantwortlich war – all die vielen »Du hättest müssen«, »Du hättest nicht müssen« oder »Du hättest früher« im Leben.

Im allgemeinen haben diese Art Gedanken mit der Tatsache zu tun, daß du dich aus dem einen oder anderen Grund minderwertig fühlst. Vielleicht vergleichst du dich oft mitleidslos und in für dich nachteiliger Weise mit anderen. Natürlich, es gibt immer Menschen, die glücklicher, reicher, tüchtiger oder klüger sind als du, aber hast du jemals hierüber nachgedacht:

Jeder Mensch ist einzigartig. Es gibt niemanden in der ganzen Welt, der genauso ist wie du. Warum könnte das wohl so sein? Könnte es sein, daß wir hier alle aus einem bestimmten Grund, mit einem bestimmten Ziel auf der Welt sind?

Irgend jemand sagte einmal zu mir: »Niemand wird es schaffen, daß du dich minderwertig fühlst ohne deine Zustimmung.«

Also, wenn du aus deinem Unglücklichsein etwas herausholen willst, dann mußt du beginnen, dich etwas öfter positiv zu betrachten und dir also etwas weniger oft erlauben, im Vergleich mit anderen schlechter abzuschneiden. Natürlich, das ist einfacher gesagt als getan.

Mache einen Anfang, dich von deinen Minderwertigkeitsgefühlen zu befreien, indem du den folgenden Abschnitt über Minderwertigkeit aufmerksam liest. Streiche an, was dich darin anspricht und lies es regelmäßig durch.

Minderwertigkeit

»Als Kind und als Teenager fühlte ich mich immer weniger wert als meine Altersgenossen. Ich war häßlich, klein, mit einem schmächtigen Körper, der weder im Sport noch bei den Mädchen viel hermachte. Ich saß sehr oft rasend vor Eifersucht, aber auch mit stiller Trauer im Kino und betrachtete all die starken Filmhelden. Ich fühlte mich dann von der Schöpfung furchtbar ungerecht behandelt. Sogar als meine eigenen Filme ein enormer Erfolg wurden, blieb das Gefühl von Minderwertigkeit in meinem Innern doch bestehen. Ich bin eigentlich selten wirklich glücklich.«

Das Wort hat Woody Allen, berühmt, reich, Partner der schönen und ebenso erfolgreichen Mia Farrow, in einem offenherzigen Interview der Zeitschrift *Figaro Magazine*. Es fällt wirklich schwer zu glauben, daß jemand in seiner Situation von Minderwertigkeitsgefühlen bedrängt wird. Doch ist das sehr gut möglich.

Bei einer Untersuchung unter einhundert erfolgreichen Managern und Wissenschaftlern stellte man fest, daß beinahe ein Drittel tief im Innern den Gedanken hegte, sie seien Betrüger. Betrüger im Sinne von Menschen, die auf die eine oder andere Weise, welche, wissen sie oft selber nicht, der Außenwelt Sand in die Augen gestreut haben und daß sie deshalb gesellschaftlich viel weiter gekommen sind, als sie es aufgrund ihrer Fähigkeiten und Kapazitäten verdienen.

Einer der Manager drückte es so aus: »Immer sitzt einem

die Angst im Nacken, daß an irgendeinem Tag die Welt, die anderen wach werden und sehen können, was ich wirklich wert bin, und dann nichts mehr mit mir zu tun haben wollen!« Auffallend daran ist, daß genau wie Woody Allen die meisten dieser »Betrüger« diesen Gedanken bereits hatten, so lange sie sich erinnern konnten. In jedem Fall schon seit ihrer Pubertät.

Das Bild, das wir von uns haben, ist tatsächlich oft stark durch die Erfahrungen in unserer frühen Kindheit und dem Beginn der Pubertät bestimmt. Kleinkinder haben noch kein deutliches Selbstbild. Sie können sich zwar schlecht, schuldig oder gut fühlen, aber die Gefühle wechseln schnell und werden durch die Art und Weise bestimmt, in der ihnen wichtige Erwachsene, vor allem Eltern, in bestimmten Situationen gegenüberstehen. Strafe oder Schelte, besonders gepaart mit Liebesentzug von seiten der Eltern, kann bei einem kleinen Kind zeitweise Unlustgefühle hervorrufen. Aber fünf Minuten später, wenn seine Aufmerksamkeit auf etwas Spannenderes gezogen wird, ist das Gefühl schon wieder verschwunden.

Erst allmählich entwickelt das Kind ein mehr oder weniger zusammenhängendes Selbstbild, ein Bild, das anfänglich vor allen Dingen der Spiegel ist für das, was andere von ihm halten.

Und da liegt der Hase im Pfeffer. Allgemein gesagt, können Erzieher Kindern gegenüber zwei Haltungen einnehmen, die jede für sich sehr unterschiedliche Folgen haben können. Die eine Haltung ist diejenige, bei der Eltern ein bestimmtes Verhalten oder bestimmte Neigungen des Kindes deutlich billigen oder mißbilligen, ohne dabei dem Kind das Gefühl zu geben, daß es als Person, als Mensch, abgewiesen wird. Bei schlechtem Benehmen wird die elterliche Liebeszufuhr also nicht sofort gestoppt. Das Kind entwickelt so ein grundlegendes Gefühl von Vertrauen und Sicherheit seinen Eltern und später auch anderen Menschen gegenüber: »Wenn ich versage, Fehler mache, selbst dann kann ich zu ihnen kommen.« Auf diese Weise erhält das Kind die Gelegenheit, ohne allzu viel Angst auch seine Schattenseiten, die weniger angenehmen Seiten seiner Persönlichkeit zu untersuchen. Es befindet sich dadurch zudem in einer günstigen Ausgangssituation, um sie eventuell zu verändern. Außerdem lernt das Kind so, mit den Eigenheiten anderer gut auszukommen. Den Kern dieses Verhaltens können wir umschreiben mit: »Ein Mensch, der sich schlecht benimmt, ist deshalb noch kein schlechter Mensch, und ein Mensch, der sich gut benimmt, ist deshalb noch kein (in jeder Hinsicht) guter Mensch.«

Das andere Erziehungsmuster, das leider viel häufiger vorkommt, ist eines, bei dem das Verhalten, die Eigenart oder das Äußerliche eines Kindes bestimmend ist für die Liebe oder Zuwendung, die es empfängt. Das Kind kommt mit einer schlechten Zensur nach Hause, und die Eltern rufen entsetzt: »Wie kannst du uns so etwas antun, damit hast du uns wirklich schwer enttäuscht.« Solche Kinder wachsen mit dem Bewußtsein auf, daß ihr Wert als Mensch abhängig ist von dem, was sie leisten, oder von dem, was andere über sie denken.

Leider sind es nicht nur Eltern, sondern ist es die Gesellschaft im allgemeinen, die diese Haltung vom »menschlichen Wert unter bestimmten Bedingungen« stark betont. Darum gibt es so viele Erwachsene, die davon überzeugt sind, daß andere sie nur dann akzeptieren, sie mögen, wenn sie keine Fehler machen, nicht stottern oder nervös sind, wenn sie Leistungen liefern. Kurz, wenn sie fehlerfrei und kompetent sind. Solche Menschen stehen unter ständiger Anspannung, ob sie etwas richtig machen, ob sie gut ankommen. Sogar in dem Moment, wo sie Erfolg haben, machen sie sich weiterhin Sorgen, ob der Erfolg bleibt oder ob sie nicht doch irgendwann versagen werden und damit alles verlieren. Schädlich ist besonders, daß Jugendliche und Erwachsene, die sich so betrachten, gerade darum eine starke Neigung haben, sich auf die Entwicklung einer einzigen Sache zu konzentrieren, in der sie gut sind oder für die sie Talent zu haben scheinen. Ob das nun arbeiten, studieren, Sport treiben, ihr Äußeres oder sogar ihre Ehe ist.

Das ganze Gebäude ihres Selbstwertgefühls ruht gleichsam auf der einen Sache, auf die sie ihre Aufmerksamkeit und Energie richten. Läuft dann in einem bestimmten Moment etwas verkehrt, dann bricht gleichzeitig ihre Selbstachtung zusammen. Genauso wie ein Mann, der schuldlos arbeitslos geworden war, einmal zu mir sagte: »Ich traue mich nicht, anderen noch in die Augen zu sehen. Jetzt, wo ich keine Arbeit mehr habe, fühle ich mich wertlos, und die Tatsache, daß es nicht meine Schuld war, ist kaum ein Trost.«

Dasselbe passiert Menschen, die ihre ganze Selbstachtung von einer Beziehung oder ihrer Rolle als Eltern abhängig machen. Ist die Beziehung festgelaufen oder werden Eltern von ihren Kindern an den Rand geschoben, fühlen sie sich rettungslos minderwertig. Sie vergleichen sich mit anderen Menschen, deren Beziehung, Familie oder Arbeit gut läuft, und fragen sich oft verzweifelt, warum es diesen Menschen gelingt und ihnen nicht. Im stillen geben sie sich selbst meistens die Antwort, daß irgend etwas an ihnen grundlegend falsch sein müsse, daß sie selbst keine so guten und vollwertigen Menschen seien wie der Rest der Menschheit. Bei Jugendlichen beobachten wir oft das gleiche minderwertige Denken über sich selbst, weil sie sich häßlich finden oder eine körperliche Behinderung haben.

Menschen mit Minderwertigkeitsgedanken verhalten sich oft auch danach. Sie trauen sich weniger zu, unternehmen weniger, ziehen sich schneller zurück, wenn Dinge schwierig werden, und werden dadurch wirklich weniger anziehende Personen, als sie eigentlich sein könnten. Viele Menschen denken, daß sie das Leben weniger gut meistern, weil sie minderwertig sind. In Wirklichkeit sind sie deshalb oft weniger gut oder fühlen sich weniger glücklich, weil sie sich einreden, minderwertig zu sein. Es gibt eine alte japanische Geschichte, die das Voranstehende anschaulich illustriert:

> Ein Samurai, ein stolzer Ritter, besuchte eines Tages einen alten weisen Zen-Meister. Der Ritter war sehr berühmt, aber als er den weisen Mann mit seinem einnehmenden Gesicht, seinen strahlenden Augen, seiner Sympathie für alle lebenden Dinge und alle Menschen, die bei ihm Rat suchten, sah, fühlte er sich plötzlich minderwertig.
>
> Er fragte den Meister: »Warum fühle ich mich min-

derwertig? Vor ein paar Minuten, bevor ich hierher kam, fühlte ich mich noch gut. Aber sobald ich dich sah, begann ich, mich schlecht zu fühlen. So habe ich mich noch nie gefühlt. Ich habe dem Tod viele Male in die Augen gesehen, aber ich hatte nie Angst. Warum denn jetzt?«

Der alte Mann sagte: »Warte. Sobald heute abend alle fort sind, werde ich antworten.«

Den ganzen Tag über kamen Menschen, um den Meister um Rat zu fragen, und der Ritter begann, sich immer minderwertiger zu fühlen. Als gegen Abend niemand mehr dort war, fragte er: »Nun, gibst du mir jetzt die Antwort?«

Der alte Mann sagte: »Komm mit in den Garten.«

Es war Vollmond, und das Licht schien auf die Bäume im Garten. Der Weise sagte: »Sieh diese zwei Bäume hier. Der eine groß, der andere daneben klein und in voller Blüte. Seit Jahren stehen sie nebeneinander in meinem Garten, und noch nie hat es Probleme gegeben. Der kleine Baum hat nie zu dem großen gesagt: ›Warum fühle ich mich minderwertig neben dir?‹ Dieser Baum ist klein, und der andere ist groß – warum habe ich nie etwas über Minderwertigkeit gehört?«

Der Ritter versank in Gedanken und sagte dann: »Weil sie sich nicht miteinander vergleichen.« Worauf der alte Mann antwortete: »Du kennst also die Antwort. Auch kleine Bäume blühen prächtig, wenn sie sich nicht vergleichen.«

Was mußt du tun, wenn du dich deprimiert fühlst?

Es ist wichtig, mit deprimierenden Gefühlen kurzen Prozeß zu machen, wenn man merkt, daß sie mehr die Folge ungerechtfertigter Gedanken und Minderwertigkeitsvorstellungen sind als die eines konkreten Ereignisses, denn sonst können sie zu ernsten Problemen führen: körperliche Probleme wie Kopfschmerzen, Rückenschmerzen, Schlaflosigkeit, und psychische Probleme wie Angst, Zwangsvorstellungen, Alpträume, eine schwere Depression. Außerdem, weil sie Minderwertigkeitsgefühle verstärken und chronisch machen können. Es gibt kaum etwas, das aufreibender ist, als sich minderwertig zu fühlen (einige von uns wissen jetzt sofort, warum sie so oft müde sind).

Viele Menschen versuchen, solche Gefühle auf eine falsche Art loszuwerden. Sie essen zuviel oder zuwenig oder denken, daß Alkohol oder Drogen die Mittel sind, um die Gefühle zu betäuben. Durch diese Mittel meinst du, dich für kurze Zeit besser zu fühlen, aber hinterher fühlst du dich so schlecht wie nie zuvor. Du hast einen Kater, fühlst dich träge, allein, miserabel, ohne Selbstbeherrschung.

Mache einen Anfang, indem du etwas Neues lernst; es gibt kaum etwas, das mehr Energie gibt als Lernen. Es ist der erste Schritt aus der Deprimiertheit oder aus einer Depression. Hier folgen ein paar Vorschläge, um in Gang zu kommen.

- Schreibe einen Brief an jemanden, der angenehm überrascht sein wird, von dir zu hören.
- Gehe in einen Park, ein Museum, ein Theaterstück oder unternimm etwas Ähnliches, an das du selten denkst.
- Sieh dir ein Fernsehprogramm an, das du normalerweise nicht anschauen würdest, z. B. eine Show oder einen Dokumentarfilm.
- Sieh dir einen »guten« Film an.
- Versuche, einen ganzen Tag lang nicht fernzusehen (noch besser ist es, wenn du es eine ganze Woche lang nicht tust).
- Versuche herauszufinden, was das Radio dir außer deinen Lieblingssendungen zu bieten hat.
- Backe für dich selbst Brot oder Kekse oder etwas anderes.
- Schreibe alle Dinge auf, die du wirklich gern tun würdest und höre nicht auf, bevor du nicht mindestens ebensoviel Dinge aufgeschrieben hast, wie du Jahre alt bist. Wenn du dreißig bist, solltest du dreißig Dinge aufschreiben können, die du wirklich schön findest. Fange ohne viel Nachdenken mit einer der Sachen auf der Liste an.

- Genieße deine Tagträume, ohne dich schuldig zu fühlen.
- Bastle oder baue etwas.
- Schreibe ein Haiku (ein siebzehnsilbiges Gedicht, das aus drei Versen zu 5-7-5 Silben gebildet wird).
- Kaufe eine Zeitschrift, die du noch nie gelesen hast, z. B. eine Musikzeitschrift, eine psychologische Zeitschrift, eine Zeitschrift über Seefahrt, und lies mindestens zwei Artikel daraus.
- Entwirf dein eigenes Theaterstück; spiele mindestens zwanzig Minuten lang eine Rolle, die du im wirklichen Leben auch gern spielen würdest. Spiele sie so angeregt und begeistert wie möglich.
- Fasse den Beschluß, etwas zu sammeln: alte Fotos, Briefmarken, Münzen, Kakteen.
- Wenn nichts anderes hilft, treibe Gymnastik oder jogge.

Diese Liste stellt nur einen Anfang dar und – auf lange Sicht gesehen – keine Alternative für ein bestimmtes Ziel oder eine bestimmte Berufung in deinem Leben, für die Vorstellung, daß das Leben wertvoll ist, weil dein eigenes Leben eine Bedeutung hat. Aber wenn du bestimmte Interessen hast, dann sind Menschen auch an dir interessiert. Wenn du selbst deprimiert bist, dann ist es für andere auch deprimierend, mit dir umzugehen. Du wirst dich auf alle Fälle besser fühlen, wenn du Energie in das Erlernen von etwas Neuem steckst, wenn du merkst, daß es gut tut, etwas für jemand anderen zu tun, wenn du beginnst, vorauszuplanen, anstatt zu grübeln, und – die Hauptsache – wenn du dich nicht mehr mit jemand anderem vergleichst.

Was sind (schwere) Depressionen?

Lies erst den nachfolgenden Absatz, so daß du besser begreifst, was Depressionen genau sind, und du besser beurteilen kannst, wie ernst deine eigene eventuelle Depression ist. Notiere, was du wiedererkennst und gib es eventuell jemandem zu lesen, dem du vertraust.

»Ich möchte dir kurz etwas über meinen Zustand schreiben. Nichts und niemand interessiert mich mehr. Jeder Tag ist ein langer, endloser Tunnel, ich ersticke in seinem Mund, wenn ich wach werde, und ich muß doch hinein. Wenn ich Schwindsucht hätte, könnte man mich trösten, mir helfen, mich gesund machen. Aber nun kann man für mich nichts mehr tun. Das ist das Schlimme. Dies ist die Hölle der unerreichbaren Einsamkeit, der vollkommenen Verlassenheit.«

Mit diesen Worten beschrieb die Schriftstellerin Carry van Bruggen 1932 die geistige Folter, an der sie litt – verursacht durch ihre tiefe Depression. Das Schreiben darüber muß sie beinahe unmenschliche Anstrengungen gekostet haben, denn eines der Merkmale schwerer Depressionen ist die völlige Passivität, die sogar den geringsten Kraftaufwand als eine unüberwindliche Aufgabe scheinen läßt. Für Menschen, die selber niemals so etwas durchgemacht haben, ist es nahezu unmöglich zu erfassen, was es bedeutet, eine schwere Depression zu haben.

Wir benutzen heutzutage das Wort »Depression« sehr häufig, aber ziemlich oft zu schnell oder zu Unrecht. Depressiv sein ist etwas anderes als tiefe Traurigkeit, als deprimiert zu sein oder pessimistische Gedanken zu haben. Jemand, der durch ein Examen fällt, einen geliebten Menschen verliert oder gesagt bekommt, daß er an einer ernsten Krankheit leidet, wird zu Recht eine Zeitlang traurig oder düster gestimmt sein. Aber von einer ernsten Depression kann erst die Rede sein, wenn diese Gefühle dauerhaft sind und uns sowohl körperlich als auch geistig und sozial völlig zerrütten.

Wichtige Symptome einer Depression sind – neben einer düsteren, negativen Stimmung – Gefühle intensiver Müdigkeit und Lustlosigkeit, Mangel an Eßlust, Verlust jeglichen Interesses an den Dingen und Menschen um einen herum und die Neigung, sich sozial zurückzuziehen. Außerdem treten oft Schlafstörungen auf. Während der eine schwer einschlafen kann, wird der andere viel zu früh wach und kann nicht mehr einschlafen.

Konzentrationsschwächen kommen auch oft vor. Es gelingt dann nicht oder kaum mehr, etwas zu lesen, einer Fernsehsendung zuzusehen oder einem Gespräch zu folgen. Viele depressive Menschen machen die Erfahrung, daß sich immer die gleichen Gedanken in ihrem Kopf im Kreise drehen, und sie fühlen sich machtlos, diesen Kreis zu durchbrechen.

Typisch sind ebenfalls Gefühle von Nutzlosigkeit und Wertlosigkeit: »Ich bin nichts, ich kann nichts, ich falle allen zur Last.« Nicht selten gehen damit starke Schuldgefühle oder Selbstzweifel einher. Todesgedanken und Todeswünsche oder Selbstmordgedanken kommen auch vielfach vor. Bei bestimmten Depressionen treten starke Angstgefühle auf, ohne daß die Person oftmals weiß, wovor sie Angst hat. Manchmal kommt es sogar zu Panikanfällen. Ein Merkmal von Depressionen kann schließlich die sehr starke Neigung zum Zweifeln sein und die Unfähigkeit, Entschlüsse zu fassen. Die Schwere dieser Symptome kann von Depression zu Depression variieren.

Einige Depressionen sind so schwer, daß die Person in eine Psychose gerät. Sie hat dann Wahnvorstellungen oder Halluzinationen, in denen sie Dinge sieht oder spürt, die absolut nicht auf Tatsachen beruhen. Wie ein Patient, der sich nicht mehr aus dem Bett wagte, weil seiner Meinung nach der Teufel darunter hockte, der ihn packen und für seine Sünden in die Hölle schleppen würde, sobald er den Boden beträte.

Bei schweren Depressionen ohne Psychose können die Symptome oft viele Monate dauern, wenn es nicht gelingt, durch eine bestimmte Behandlung die Depression aufzufangen. Bei milderen Formen der Depression dauern die Beschwerden manchmal nur einige Wochen. Es gibt auch Menschen, bei denen die Symptome niemals ganz verschwinden. Perioden, in denen es ihnen ziemlich gut geht, wechseln ab mit mehr oder weniger schlechten Perioden. In solchen Fällen spricht man von einer depressiven Persönlichkeit oder einer depressiven Persönlichkeitsstörung.

Es ist gut zu wissen, daß Depressionen äußerlich manchmal nicht sichtbar zu sein brauchen und sich oft hinter Eigenartigkeiten verbergen, die mit Trübsinn nichts zu tun zu haben scheinen. Viele depressive Menschen haben einen düsteren Gesichtsausdruck, der dermaßen starr oder unbeweglich ist, daß es so aussieht, als wäre er aus Granit gehauen (ein Beispiel dafür ist das Gesicht von Prinz Claus, der vermutlich an einer schweren Depression gelitten hat). Aber einige depressive Menschen haben gerade ein mehr oder weniger vages Lächeln auf ihrem Gesicht. Das erweckt den Eindruck, als wäre ihre Stimmung gut. Aber wenn wir gut aufpassen, sehen wir, daß oftmals auch dieses Lächeln starr und wie festgefroren wirkt. Das Lächeln ist dann eine Art Maske des inneren Trübsinns, aus welchem Grunde wir bei solchen Menschen von maskierter Depression sprechen.

Ängstliche, depressive Menschen sind oft besorgt über ihre Gesundheit, und wenn sie bestimmte Zipperlein oder Beschwerden spüren, denken sie schnell, daß sie krank oder sogar ernsthaft krank sind. Sie können sich sogar so übertrieben mit ihren körperlichen Beschwerden beschäftigen, daß andere Menschen, auch Ärzte, nicht durchschauen, daß diese in Wirklichkeit Symptome einer Depression sind und daß diese Depression – und nicht die körperlichen Beschwerden – behandelt werden muß.

Es gibt depressive Menschen, die ihren Trübsinn und Pessimismus mit Hilfe von Alkohol und anderen Betäubungsmitteln zu vertreiben suchen. Darum ist es immer wichtig nachzuforschen, ob jemand, der von Zeit zu Zeit dazu neigt, zuviel zu trinken, an einer Depression leidet und diese behandeln lassen sollte.

Depressionen treten in allerlei Formen und Verkleidungen auf, weshalb es also nicht verwunderlich ist, daß sie die am häufigsten vorkommende psychische Störung ist. Schätzungen zufolge schwankt die Zahl der Menschen, die zu irgendeiner Zeit, zum Beispiel heute, an einer Depression leiden, zwischen zehn und fünfzehn Prozent der gesamten Bevölkerung. Jedes Jahr werden in unserem Land (also in den Niederlanden, d. Ü.) Ärzte rund eine halbe Million Male wegen depressiver Beschwerden konsultiert. Im allgemeinen gilt, daß mehr Frauen als Männer an Depressionen leiden, obwohl es Formen der Depression gibt, bei denen kein Unterschied besteht. Einigen Untersuchungen zufolge kommen Depressionen häufiger bei jüngeren Menschen als bei älteren vor, aber wiederum gilt das nicht für alle Arten.

Nach dem Auftreten von Depressionen fanden im Laufe der Zeit vielfältige Untersuchungen statt, und es wurde viel darüber diskutiert. Auf der einen Seite gibt es eine Gruppe Wissenschaftler, die meint, daß Depressionen eine körperliche Ursache haben. Diese suchen sie vor allem in bestimmten Stoffwechselstörungen sowie in Stoffen, die für die Weiterleitung von Nervenreizen verantwortlich sind. Auf der anderen Seite wird behauptet, daß eine Depression ein angelerntes Verhaltensmuster sei. Wie es heute aussieht, scheinen beide Gruppen das Recht zum Teil auf ihrer Seite zu haben.

Einige Depressionen scheint man sehr gut medikamentös zu behandeln, oder man kann ihnen auf diese Weise vorbeugen. Andere Formen scheinen effektiver mit psychologischen Methoden (Psychotherapie) behandelbar. Es gibt eine große Gruppe von Depressionen, auf die man beide Methoden anwendet. Interessant ist, daß bei dieser großen Gruppe nicht viel Unterschied zwischen psychologischer und medikamentöser Therapie besteht. Aber: Aus aktuellen Untersuchungen scheint hervorzugehen, daß eine große Gruppe von Patienten mit Depressionen auf die Dauer doch mehr Nutzen aus einer psychologischen Behandlung zieht als aus einer medikamentösen! Auch wenn auf Medikamente zu Beginn oft nicht verzichtet werden kann.

Eine weitere bedeutsame Tatsache wurde aus Untersuchungen über die Unterschiede in der Denkweise zwischen depressiven und nicht-depressiven Menschen deutlich. Nicht-Depressive haben im Vergleich mit Depressiven die Neigung zu glauben, daß andere positiver über sie denken, als es in Wirklichkeit der Fall ist. Sie neigen auch mehr dazu, ihre Möglichkeiten zu überschätzen, was die Gestaltung ihres Lebens betrifft. Mit anderen Worten: Jemand, der nicht depressiv ist, neigt eher dazu zu glauben, daß er Dinge kontrollieren kann, die in Wirklichkeit für ihn nicht kontrollierbar sind. Schließlich neigt jemand, der nicht depressiv ist, eher dazu, sich mehr herauszustreichen, als es seine tatsächlichen Leistungen rechtfertigen. Depressive denken also offensichtlich realistischer als Nicht-Depressive. Aber natürlich ist das ein Nachteil, wenn die Realität nicht sehr anregend ist. Kurz und gut, du bist oft depressiv, weil du gleichzeitig sehr gut erkennst, wie die Dinge sind, und sehr schlecht erkennst, wie sie sein könnten.

Was du tun mußt, wenn du die Symptome einer schweren Depression bei dir selbst erkennst, ist das folgende:

Beginne mit einer vollständigen körperlichen Untersuchung beim Arzt. Es kann sein, daß körperlich etwas nicht in Ordnung ist, wodurch dein psychischer Zustand beeinflußt wird.

Gehe dann zu einem Psychotherapeuten, einem Psychologen. Es hilft, jemanden aufzusuchen, der dir helfen kann, ein deutlicheres Bild von dir selbst zu bekommen. Fange nicht gleich eine Therapie an; wenn du das doch tust, bedenke folgendes: Bleibe nicht bei jemandem, den du nicht magst oder mit dem du es schwierig findest zu arbeiten. Wenn du diesen Schritt – fachkundigen Rat zu suchen – schwierig findest, beginne (in jedem Fall!) damit, die folgenden Kapitel zu lesen.

3
Einsamkeit

Menschen, die deprimiert sind oder an einer Depression leiden, neigen häufig dazu, sich sozial abzusondern, zu vereinsamen. Umgekehrt unterliegen diejenigen, die dazu neigen, soziale und intime Kontakte zu vermeiden, einem erhöhten Risiko bezüglich der Entwicklung von Deprimiertheit oder Depression. Aber ob Einsamkeit nun die Ursache oder die Folge ist, auf Dauer ist sie fast immer schmerzlich.

Die schmerzhafteste Einsamkeit ist diejenige, bei der du dich verzweifelt fühlst, bei der es um Einsamkeit geht, die die Tatsache widerspiegelt, daß du negativ über dich selbst denkst. Das Schlimmste von allem ist, wenn du dich hoffnungslos und allein fühlst (»es wird nie besser«). Seltsamerweise fühlen sich die einsamsten Menschen häufig am verzweifeltsten, wenn sie unter anderen Menschen sind. Viele der einsamsten Menschen, die ich kenne, sind verheiratet und haben eine Familie.

Was ist Einsamkeit genau? Wissenschaftler, die versucht haben, auf diese Frage eine Antwort zu geben, sind häufig bei der Tatsache stehengeblieben, daß sie ein sehr subjektives Gefühl ist, das sich auf die verschiedensten Weisen äußern und sehr verschiedene Ursachen haben kann. Die einfachste Umschreibung von Einsamkeit ist diese: ein Gefühl von Unwohlsein, das von der fraglichen Person den (zeitlich) nicht vorhandenen Beziehungen zu anderen zugeschrieben wird, in denen Gedanken, Gefühle, Wünsche, Pläne und Meinungen ausgetauscht werden oder in denen Aktivitäten unternommen werden können.

Wir können drei Arten von Einsamkeit unterscheiden: vorübergehende, situationsbedingte und chronische Einsamkeit.

Vorübergehende Einsamkeit kann ein paar Minuten, ein paar Stunden oder einen Abend dauern. Die meisten Menschen leiden irgendwann einmal unter dieser Form von Einsamkeit, die das tägliche Leben nicht beeinträchtigt und die in keiner Weise eine deutliche Ursache zu haben braucht. Anders sieht es mit der *situationsbedingten Einsamkeit* aus, die die Folge eines tief einschneidenden Lebensereignisses ist wie der Tod eines geliebten Menschen, Scheidung, Umzug. Ihre Folgen sind sowohl körperlich als auch geistig meist gut spürbar: Kopfschmerzen, Schlafprobleme, Angst und Depression. Solche Beschwerden können manchmal ein Jahr oder länger dauern.

Aber es gibt auch die Gruppe der langfristig Einsamen, bei denen es keine einschneidenden Lebensereignisse sind, die die Einsamkeit verursachen. Sie sind nicht gut in der Lage, zu anderen Menschen Kontakt aufzunehmen und intime Beziehungen aufzubauen, selbst wenn die Umstände dafür günstig sind. Ihre Einsamkeit ist *chronisch*, dauert oft viele Jahre und kann ihre Aussichten auf ein einigermaßen glückliches Leben vollständig ruinieren. Solche Menschen suchen die Schuld für ihre Probleme in erster Linie bei sich selbst, denken häufig, in den Augen der anderen »nicht gut genug zu sein« und an dieser Tatsache nichts ändern zu können.

Die Unterscheidung zwischen situationsbedingter und chronischer Einsamkeit ist übrigens nicht immer leicht zu treffen. Einigen Menschen, die zum Beispiel eine Scheidung durchmachen, gelingt es nicht gut, sich an die neue Situation zu gewöhnen, und sie verfallen auf die Dauer von der situationsbedingten in die chronische Einsamkeit.

Wir können uns also einsam fühlen, weil wir wirklich zuwenig sinnvolle Kontakte zu anderen Menschen haben. Aber unsere Einsamkeit kann auch die Folge unserer Erwartungen und Einstellungen sein. Wichtig ist, was wir für uns selbst als ausreichendes Maß sozialer Kontakte ansehen. Diese Entscheidung läßt uns, ungeachtet der tatsächlichen Anzahl von Kontakten, möglicherweise schon nicht mehr einsam sein. Was der eine für unerträgliche Isolation hält, kann der andere als ausreichende Aufmerksamkeit ansehen.

Es stimmt nicht, so verrückt es auch klingen mag, daß einsame Menschen immer weniger soziale Kontakte haben als andere. Allerdings ist die Qualität dieser Kontakte weniger gut. Ein Problem bei chronisch einsamen Menschen besteht darüber hinaus darin, daß sie, selbst wenn sie befriedigende und gute soziale Kontakte zu anderen haben, sie dieses nicht sehen. Vielleicht, weil sie es nicht mehr sehen können. Oder weil sie nicht (mehr) wissen, wie sie von den bestehenden Möglichkeiten Gebrauch machen können.

Verschiedene Untersuchungen haben ergeben, daß chronisch einsame Menschen einem erhöhten Krankheitsrisiko unterliegen wie zu hohem Blutdruck und als Folge davon Herz- und Gefäßkrankheiten. Die Erklärung hierfür ergibt sich aus der fortwährenden inneren Anspannung. Diese Anspannung wiederum wird verursacht durch die Tatsache, daß sie ihre Gefühle und Probleme nie auf eine gesunde Art und Weise (d. h. im Gespräch mit anderen) äußern können.

Wenn wir über unsere Gefühle sprechen, tun wir das nicht nur mit Worten, sondern in Wirklichkeit mit unserem gesamten Körper. Durch das Sprechen werden also auch unser gesamter Körper und unser Geist beeinflußt. Oft entdecken wir erst durch das Äußern eines bestimmten Gefühls, zum Beispiel einer bestimmten Angst, daß »es eigentlich nur halb so schlimm« ist. Häufig entdecken wir erst durch die Reaktionen der anderen, wie viele mögliche Lösungen es für unsere Probleme gibt. Reden macht Grübeln ziemlich überflüssig. Und Grübeln bedeutet nichts anderes als das endlose Laufen auf einem miserablen Parcours, mit der Folge, daß sowohl Körper als auch Geist erschöpft sind.

Einsamkeit und Vererbung

Häufig manifestieren sich bereits in jungen Jahren die ersten Anzeichen für ein hohes Risiko, als Erwachsener unter chronischer Einsamkeit (und damit einhergehender Depressivität) zu leiden.

Eine Untersuchung unter zweitausend sieben- bis elfjährigen Kindern ergab, daß sich fast zehn Prozent oft einsam fühlten. Als dieselben Kinder ein paar Jahre später erneut untersucht wurden, stellte sich heraus, daß die meisten dieser zehn Prozent sich noch immer sehr einsam fühlten. Erwiesen ist, daß neben familiären Umständen hierbei auch erbliche Anlagen eine wichtige Rolle spielen können.

An der Universität von Minnesota wird seit vielen Jahren ein umfangreiches wissenschaftliches Projekt durchgeführt, in dem die Erblichkeit von Persönlichkeitseigenschaften bei Zwillingen untersucht wird. Darunter sind eineiige Zwillinge – Menschen mit den gleichen erblichen Anlagen oder Genen – und zweieiige, die sich nicht ähnlicher sehen als normale Brüder und Schwestern. Ein Teil jeder Gruppe ist zusammen und ein Teil getrennt aufgewachsen.

Bei allen Zwillingen wurde eine große Anzahl von Persönlichkeitsmerkmalen untersucht, die man in drei Gruppen oder Typen unterteilen kann, nämlich:

1. positive Emotionalität bzw. das Maß, in dem wir zu aktivem, lustvollem, effektivem Umgang mit unserer Umwelt neigen;
2. negative Emotionalität bzw. die Neigung zu angespanntem, ängstlichem, »gestreßtem« Umgang mit den Menschen und Dingen um uns herum;
3. Zurückhaltung oder Kontrolliertheit, das heißt die Neigung zu vorsichtigem (im Gegensatz zu impulsivem), zögerndem, untertänigem Reagieren auf andere und die Außenwelt.

Durch den Vergleich der verschiedenen Zwillingsgruppen konnte festgestellt werden, daß positive Emotionalität bei vierzig Prozent, negative Emotionalität bei 55 Prozent und Zurückhaltung bei fast 60 Prozent erblich bedingt sind.

Wenn, alles in allem, unsere Persönlichkeit mindestens zur Hälfte erblich bestimmt ist, dann kann man sagen, daß die anderen 50 Prozent unserer Persönlichkeit bedingt werden von Faktoren wie Erziehung, Umwelt und Lebensereignisse.

Die Übereinstimmungen zwischen eineiigen Zwillingen, die getrennt aufgewachsen sind, unterscheiden sich von denjenigen Eineiiger, die zusammen groß geworden sind. Die Übereinstimmung zwischen zweieiigen Zwillingen sind bei weitem nicht so groß, ob sie nun zusammen aufgewachsen sind oder nicht.

Nicht nur normale, sondern auch anormale Persönlichkeitsmerkmale erwiesen sich als stark erblich bedingt. In einer Studie unter Zwillingen, anderen Kindern und Eltern beider Gruppen wurde herausgefunden, daß häufig vorkommende Ängste und Phobien wie Höhenangst, kein Blut sehen können, Flugangst und soziale Ängste (nicht wagen, Kontakte aufzubauen) zum großen Teil erblich bedingt sind.

Aus einer sehr aktuellen Studie unter 410 Zwillingen, die von ihrer Pubertät bis zum Beginn ihres Erwachsenseins beobachtet wurden, ging hervor, daß dieses sogar für die Neigung zu Spannungsbeschwerden (Spannungskopfschmerzen, -bauchschmerzen) und Minderwertigkeitsgefühlen gilt.

Psychologen gelangen allmählich zu der Überzeugung, daß die Ursache für bestimmte Formen chronischen Alkoholmißbrauchs zum größten Teil ebenfalls in unseren Genen zu finden ist. Alkoholabhängigkeit kommt unter Eltern, Brüdern, Schwestern und Kindern von Alkoholabhängigen drei- bis fünfmal so oft vor wie in der »normalen« Bevölkerung.

Die Tatsache, als Kind von Alkoholabhängigen adoptiert und großgezogen worden zu sein, erhöht das eigene Risiko nicht oder kaum. Wenn deine biologischen Eltern jedoch abhängig sind, ob du nun bei ihnen aufgewachsen bist oder nicht, dann besteht bei dir selbst auch ein hohes Risiko zur Alkoholabhängigkeit. Der erbliche Einfluß kann sogar so weit gehen, daß er bestimmt, welcher der zwei Typen von Alkoholabhängigkeit sich vermutlich entwickelt, der »frühe« Typ (besonders bei Männern, verbunden mit aggressivem und gewalttätigem Verhalten) oder der »späte« Typ (ebenso häufig bei Männern wie Frauen, oft einhergehend mit Schuldgefühlen und Depressionen).

Eine moderne Theorie besagt, die Menschen seien so programmiert, daß sie bereits von klein auf solche Situationen aussuchen oder selbst schaffen, die am besten zu ihrer erblichen Ausrüstung passen. Jemand mit einem Abhängigkeits-

»Gen« würde sich deshalb vor allem Situationen suchen, in denen seine Neigung zu ihrem Recht kommen kann, wie an der Bar zu sitzen oder Barkeeper zu sein. In gleicher Weise würde jemand mit einem Verlegenheits-»Gen« stets bestimmte Situationen mit anderen Menschen vermeiden oder sein Leben so einrichten, daß er ihnen nicht allzu oft begegnet. Er schafft sich ein Stück weit seine eigene Sicherheit.

Einsamkeit und Erziehung

Soweit Persönlichkeit nicht erblich bedingt ist, sind es vor allem bestimmte Umwelteinflüsse, die eine wesentliche Rolle spielen. Auffallend genug sind das eher Dinge, die uns individuell treffen oder berühren, als Erfahrungen, denen alle Kinder einer bestimmten Familie ausgesetzt sind.

Ein Schwächling von Vater, eine geizige Mutter, Armut in der Familie – Dinge, denen alle Kinder einer Familie mehr oder weniger in gleichem Maße ausgesetzt sind – haben viel weniger Einfluß als die Tatsache, daß ein Kind den anderen vorgezogen wird, als die Schule, auf die du als Kind geschickt wirst oder die Existenz oder Nichtexistenz bestimmter Freunde.

Diese Art von Erfahrungen können sogar bestimmen, ob Kinder mit einem unglücklichen Start ins Leben es als Erwachsene nicht doch gut schaffen werden. Der berühmte englische Kinderpsychiater Rutter untersuchte neunzig erwachsene Frauen, die als Kinder über längere Zeit in einem Heim aufwuchsen. Obwohl diese Frauen als Gruppe durchschnittlich viel mehr psychische Probleme hatten als eine Gruppe vergleichbarer Frauen ohne die Erfahrung der Heimerziehung, stellten sich große Unterschiede heraus. Ungefähr ein Drittel der früheren Heimkinder hatten als Erwachsene ihr Leben gut im Griff.

Rutter ging der Frage nach, welche Faktoren dafür verantwortlich waren. Als ein Faktor stellten sich positive Schulerfahrungen heraus, nicht so sehr im Sinne von guten Zensuren, sondern vor allem im Sinne von Erfolg im Sport oder in der Musik, einer akzeptierten und verantwortlichen Position in der Schule oder Klasse und eines guten Kontaktes zu einem Mentor oder Lehrer. Diejenigen, die solche Erfahrungen gemacht hatten, kamen als Erwachsene viel besser zurecht als die anderen.

Der andere Faktor, und der allerwichtigste, war das Bestehen einer guten und stabilen Beziehung zu einem unproblematischen (»nicht-gestörten«) Mann. Kurz und gut, sogar mit einem enttäuschenden Erbe kann man, wenn man ein bißchen aufpaßt, aus seinem Leben doch noch etwas machen.

Das oben Beschriebene macht deutlich, daß sich bereits in jungen Jahren die ersten Anzeichen für ein hohes Risiko, als Erwachsener an chronischer Einsamkeit zu leiden, manifestieren können.

Offensichtlich können *Kinder* also schon chronisch einsam sein. Zwei Typen von Kindern scheinen in dieser Hinsicht besonders anfällig zu sein. Das sind in erster Linie die schüchternen, introvertierten, aber ein mindestens gleich großes Risiko laufen aggressive und dominierende Kinder. Diese werden oft von ihren Altersgenossen abgewiesen, und unter einsamen Kindern findet man viele mit diesen Eigenschaften.

Das Verhalten der Eltern kann deutlich dazu beitragen, daß sich in dieser Hinsicht verletzliche Kinder einsam fühlen. Eltern, die sich ihrem Kind gegenüber abweisend und »kühl« verhalten, können leicht ein Gefühl von »nicht gut genug sein« bei ihm hervorrufen. Wenn dieses Gefühl erst einmal Wurzeln geschlagen hat, entwickelt das Kind Angst vor anderen und neigt dazu, sich abzusondern.

Nach Meinung einiger Wissenschaftler stellt dann auch das Gefühl des Abgewiesenwerdens die Ursache dafür dar, daß ziemlich viele Kinder, die die Scheidung ihrer Eltern miterlebt haben, starke Einsamkeitsgefühle entwickeln. Eine Erklärung dafür ist, daß sich viele von ihnen für das Beieinanderbleiben ihrer Eltern verantwortlich gefühlt haben. Die Tatsache, daß das mißlungen ist, schreiben sie sich selber zu. Je jünger das Kind zum Zeitpunkt der Scheidung ist, desto größer scheint die Gefahr zu sein, daß es später von Einsamkeitsgefühlen gepeinigt wird.

Auffallend ist, daß der Tod eines Elternteils viel weniger oft Hinweise auf spätere Einsamkeitsgefühle zu geben scheint. Obwohl kleine Kinder oft noch nicht genug begreifen, was der Tod ist, haben sie schon eine Vermutung darüber, daß er etwas Endgültiges ist und – anders als bei einer Scheidung – etwas Unwiderrufliches.

Auch die materiellen Lebensbedingungen in einer Familie können auf die Entstehung von Einsamkeitsgefühlen Einfluß nehmen. Aus einer Untersuchung unter einigen tausend Jugendlichen zwischen elf und achtzehn ging hervor, daß sich Jugendliche aus Familien mit geringem Einkommen häufiger einsam fühlen. Sie fühlen sich oft in der Schule von ihren Altersgenossen oder in der Nachbarschaft diskriminiert und ausgeschlossen; was ihrer Meinung nach eine der Ursachen ihrer Einsamkeitsgefühle ist.

Aber längst nicht alle Kinder von geschiedenen oder nicht gutgestellten Eltern führen als Erwachsene eine einsame Existenz. Ebensogut können Kinder aus gutsituiertem Milieu als Erwachsene einsam sein. Es ist vor allem die Wechselwirkung zwischen persönlichen Eigenschaften und der Umwelt, die für das Entstehen chronischer Einsamkeit verantwortlich ist. Aber wenn sie erst einmal existiert, wird die Einsamkeit meist von selbst stets größer.

In einer Untersuchung wurde das Verhalten einsamer und nicht einsamer Studenten in einem fünfzehnminütigen Gespräch mit einem bis dahin unbekannten Gesprächspartner verglichen. Es stellte sich heraus, daß die Einsamen weniger gut in der Lage waren, über ihren Gesprächspartner etwas in Erfahrung zu bringen. Sie glaubten auch viel häufiger, daß die Gesprächspartner sie nicht mochten, während das in Wirklichkeit nicht der Fall war. Die Gesprächspartner hatten demgegenüber den Eindruck, daß sich die Einsamen selbst nicht so mochten. Offensichtlich können sich die Einsamen nicht gut vorstellen, welchen Eindruck sie auf andere machen. Aber aufgrund ihres Vorurteils sich selbst gegenüber laufen sie Gefahr, sich auf die Dauer so zu verhalten, daß die Gefahr eines negativen Urteils über sie bei anderen zunimmt.

Einsame Menschen verurteilen sich oft zu »Einzelhaft«. Sie sind auch selbst diejenigen, die sich daraus befreien müssen. Aber einige Hilfe von außen scheint meistens unentbehrlich.

An deiner Einsamkeit arbeiten

Einsamkeit ist ein geistiger Zustand.

Menschen, die das Leben genießen, genießen oft auch das Alleinsein; sie pflegen sogar die kostbaren Momente des Alleinseins, um zu lesen, um nachzudenken oder einfach um sich zu entspannen. Es ist ihre eigene Entscheidung.

Ganz anders ist es, wenn du dich allein fühlst, ohne allein sein zu wollen. Auch dann ist es ein geistiger Zustand.

Alleinsein kannst du jederzeit dazu benutzen, etwas Angenehmes damit anzufangen. Es gibt eine Menge Dinge, die du machen kannst, wenn du mit dir ganz allein bist:

- lesen
- schreiben (führe ein Tagebuch)
- nett zu dir selbst sein, dich selbst verwöhnen
- gut essen und dich hübsch anziehen
- ein ausgiebiges Bad nehmen
- deine Wohnung aufräumen
  (Und noch etwas: es ist gut, Selbstgespräche zu führen; auf diese Weise können dir viele Dinge deutlich werden, und du kannst einiges über dich neu herausfinden.)
- ein Familienmitglied, dessen Gesellschaft du gerne hättest, anrufen und vorschlagen, sich irgendwo zu treffen
- eine Strategie entwerfen, anderen Menschen zu begegnen (zum Beispiel ehrenamtliche Arbeit machen)
- ein Hobby suchen oder sich in einem Club anmelden.

Wenn du Interesse an anderen zeigst, werden andere Interesse an dir zeigen. Es ist natürlich leichter gesagt als getan, aber alle Entschuldigungen (ich habe keine Freunde, ich habe kein Geld, ich bin nicht anziehend usw.) sind immer nur zur Hälfte wahr. Denn: Es gibt für jeden jemanden.

Bei einigen Menschen dauert die Einsamkeit sehr lange. Es gibt Menschen, die den größten Teil ihrer Kinderjahre einsam waren, die zum Beispiel nicht gut im Sport waren, mit denen andere Kinder ihren Spott trieben, weil sie rotes Haar hatten oder weil sie bei allem ungeschickt waren. Solche Kinder – und in der Folge die Erwachsenen, die daraus wurden – träumen oft in den Tag hinein und lesen viel. Und dann, wenn sie älter werden, wenn sie an die Zwanzig sind, ziehen sie ganz allein in die Welt hinaus, gehen in Bibliotheken, Clubs, Museen, wo sie mit anderen Menschen sprechen. Und es sind diese Orte, an denen sie manchmal ihre besten Freunde kennenlernen.

Versuche eine »Einsamkeitsphase« in eine »angenehme Alleinseinsphase« zu verwandeln, indem du zum Beispiel Bücher liest. Natürlich mögen nicht alle von uns gern lesen. Gut, aber du kannst auch Fitneß-Übungen machen oder Bodybuilding oder eine andere Sportart, oder du könntest mit Meditation oder Joga herumexperimentieren. Du kannst dich sogar an Religion oder Philosophie orientieren, Dinge suchen, an die du vielleicht glauben kannst.

Vier Ideen

Einsamkeit ist ein zeitlicher Zustand. Nutze die Zeit, um nett zu dir zu sein. Sei nicht gemein oder zynisch auf Kosten anderer; niemand hat schuld daran, daß du einsam bist.

Idee I
Gehe emotionale und intellektuelle Risiken ein. Nur wenn du riskierst, abgewiesen zu werden, hast du die Chance, akzeptiert zu werden.

Idee II
Versuche, das Richtige für dich zu tun. Man kann nicht nach den Erwartungen anderer Menschen leben.

Idee III
Wenn du dich anziehend fühlst, wirst du andere Menschen anziehen. Wenn du dich nicht anziehend fühlst, hast du eine entsprechend schlechte Ausstrahlung.

Idee IV
Es ist unerheblich, wie groß deine Einsamkeit und die damit verbundene Deprimiertheit ist, du kannst sie nicht mit Alkohol, Heroin, Marihuana, Speed, Coke, XTC oder Beruhigungstabletten auflösen.

Selbst wenn du weiterhin bei der Arbeit oder zu Hause funktionierst, wirst du beinah immer weniger produktiv und auch weniger angenehm für deine Mitmenschen sein, für die, die dich mögen, gar nicht zu sprechen von demjenigen, mit dem du (intim) befreundet bist. (Wußtest du, daß die meisten Menschen ihre ersten Erfahrungen mit Impotenz hatten, nachdem sie zuviel getrunken oder Drogen eingenommen hatten?)

Viele Menschen, die von solchen Dingen abhängig sind, zeigen eine Reihe gemeinsamer Merkmale, wie:
- Sie lügen viel.
- Du kannst ihnen nicht trauen.
- Sie sind allzu selbstsicher, wenn sie unter Drogeneinfluß stehen.
- Sie sind sehr unsicher, wenn sie nicht unter Drogeneinfluß stehen.
- Sie haben ein mangelhaftes Urteilsvermögen (darum ist es zum Beispiel so gefährlich, sich zu ihnen ins Auto zu setzen).

Einsamkeit und Drogenabhängigkeit

Abhängigkeit führt meistens zu Einsamkeit und Deprimiertheit, die wiederum zu Abhängigkeit führt.

Kannst du nicht aus eigenem Wissen aufhören (oder ein[e] Freund[in] von dir kann das nicht), suche Hilfe über die Telefonseelsorge oder eine andere professionelle Einrichtung.

Wenn du erst einmal abhängig bist oder ein regelmäßiger Gebraucher von welcher Droge auch immer, ist es entsetzlich schwer, ohne professionelle Hilfe aufzuhören.

Hilfe suchen ist eine mutige Tat; keine Hilfe suchen führt oft zu Verzweiflung oder dazu, Menschen zu verletzen, die dir in Wahrheit sehr am Herzen liegen oder am Herzen liegen sollten.

Es gibt noch etwas, das du wissen mußt: Ein Entzug löst nicht automatisch alle deine Probleme. Vor dir steht noch immer die Aufgabe, die Zeit, die Geduld, die Energie und die Motivation aufzubringen, um Freundschaften zu schließen und Interessen zu entwickeln.

Die schwierigste Phase liegt in den ersten drei bis vier Wochen, nachdem du aufgehört hast. Es ist eine Phase großer Angst und Spannung. Aber sie ist auch die entscheidendste Zeit, etwas Neues zu lernen, ein Hobby zu entwickeln, eine neue Sportart auszuprobieren, sich körperlich viel zu betätigen oder anderen zu helfen, die noch schlimmer dran sind als du.

Aber vor allen Dingen: Erwarte nicht, daß alles gut läuft, und erwarte nicht, daß jeder bemerkt oder würdigt, was du mit so viel Mühe versuchst zu erreichen.

Lernen, den Ängsten und anderen Problemen dieser Phase die Stirn zu bieten, ist mindestens so wichtig wie das Absetzen bestimmter Drogen, sonst mußt du stets wieder neu beginnen.

Das allerwichtigste, um sofort gute Hilfe zu bekommen, ist eigentlich, diese aktiv zu suchen. Selbsthilfeorganisationen wie zum Beispiel die Anonymen Alkoholiker (oder welche Gruppe auch immer) sind oft ein guter Ort für den Anfang.

4
Wenn du dich selbst langweilig oder wenig anziehend findest

»Warum ich mit ihm ins Bett gegangen bin, fragst du? Nun, bestimmt nicht, um zu schmusen, und sicher nicht, um zu b... Auch nicht, weil ich in ihn verliebt bin, denn das bin ich nicht... Aber wenn ich den wirklichen Grund aufschreibe, muß ich weinen, und dann denkst du, daß ich mich anstelle, ein dummes Ding bin. Also, einfach deshalb, weil ich möchte, daß mich jemand schön findet, meinen Körper liebt, mich liebt.

Denkst du, daß es jemals jemanden geben wird, der mich schön finden wird? Ich glaube nicht. Ich bin schrecklich wütend auf Gott. Warum muß ich eine solche Behinderung haben? Ich habe doch nichts getan, wofür ich bestraft werden müßte. Papa sagt immer, daß so etwas nichts mit Gott zu tun hat, sondern daß es Zufall ist. Für mich ist es keineswegs Zufall. Was hat es für einen Sinn, Menschen eine Behinderung aufzubürden? Was hat es für einen Sinn, Menschen zu schaffen, deren Bestimmung es ist, unglücklich zu werden? Gott ist undemokratisch. Er hat alles ungleich verteilt, Reichtum, Glück, Schönheit.«

Renée, so der Name des Mädchens, aus dessen Tagebuch diese Äußerungen stammen, war trotz ihrer Behinderung (ein durch Kinderlähmung gelähmtes Bein) in vieler Hinsicht ein anziehendes Mädchen. Doch konnte sie das selbst nicht glauben. Im Mittelpunkt ihres Selbstbildes stand immer ihre Behinderung. Merkwürdig genug unterscheidet sie sich in dieser Hinsicht gar nicht so sehr von einer Anzahl Menschen, die keine Behinderung haben, aber die über ihr Äußeres (oder einen bestimmten Teil davon) unzufrieden sind. Sie finden ihre Nase zu dick oder auch zu schmal. Sie finden es wie Renée ungerecht, daß andere die richtigen Proportionen oder die perfekte Schönheit einfach so, für nichts, von der Schöpfung mitbekommen haben, während sie sich mit weniger begnügen müssen. Noch ungerechter ist es in ihren Augen, daß es die »Schönen« in dieser Welt leichter haben, daß ihnen mehr Vorteile und Wohlwollen in den Schoß fallen als dem Rest. Und sie haben auch recht damit. Die Gesellschaft begünstigt schöne Menschen in vielerlei Hinsicht, und wenig anziehende oder »häßliche« werden oft diskriminiert. Das ist ungerecht und (manchmal) traurig.

Die Frage ist nur, ob du dich damit abfindest und es sogar noch schlimmer machst, indem du in bezug auf dich diese Diskriminierung noch unterstützt! Und dich selbst niedermachst, deprimierst.

Vielleicht bist du »in bestimmter Hinsicht« tatsächlich nicht gerade sehr günstig von der Natur behandelt worden und kannst am Äußeren nichts verändern. Aber was du schon verändern kannst, ist die Haltung dir gegenüber. Das ist eines der ersten und wichtigsten Dinge, die wir Menschen lernen müssen: Menschen, die sich selbst akzeptieren, die sich wohl in ihrer Haut fühlen, ungeachtet der Tatsache, wie schön ihre Haut ist, sind für andere Menschen anziehend, Schluß aus. Es ist absolut unrichtig, daß kleine, dicke oder »nicht anziehende« Menschen keinen Partner, Freund oder Freundin würden finden können. Es ist jedoch absolut wahr, daß Menschen, die sich selbst häßlich finden und das durch ein häßliches, abstoßendes, kurzsichtiges oder tollpatschiges Benehmen (das ist nicht dasselbe wie so aussehen) zeigen, andere eher abstoßen als anziehen.

Wenn du etwas zu dick bist, ist es gut, eine vernünftige Diät zu beginnen. Aber es ist nicht vernünftig, dich aus Abwehr gegen oder Ärger über dich selbst totzuhungern oder allerlei ungeprüfte oder unerforschte Mittel zu benutzen, nur um gertenschlank zu werden. Selbst wenn du das angestrebte Gewicht erreicht hast, bist du noch nicht soweit, denn dann mußt du noch immer lernen, wie du mit dir selbst und anderen Freundschaft schließen kannst.

Der Gedanke, deinem Äußeren oder irgendeinem körperlichen »Mangel« die Schuld für emotionale oder soziale Probleme zu geben, ist fast immer eine Wahnidee. Jemand, der gut mit sich umgeht und sich selbst akzeptiert, findet auch fast immer Menschen, die gut (und gern) mit ihm umgehen. Wenn du an der Welt und an anderen Interesse hast, hat die Welt und haben die anderen auch beinahe immer Interesse an dir. Aber wenn du selbst denkst, daß mit dir nichts los ist, du dich langweilig findest, dann ist es meistens auch langweilig mit dir.

Jeder langweilt sich ab und zu, kommt mit sich selbst nicht weiter. Daran ist nichts Anormales. Nur wenn du dich ständig langweilst, Langeweile eine Art Lebensstil wird, dann ist es höchste Zeit, um in Bewegung zu kommen. Es gibt nichts Uninteressanteres als einen Verein von Menschen, egal, ob Kinder oder Erwachsene, die sich gegenseitig erzählen, wie sehr sie sich langweilen: »Mama, ich langweile mich so«, oder: »Was für ein lahmer Haufen hier.« Für Menschen aller Altersgruppen, die sich zeitweilig langweilen möchten oder sich in Langeweile fortbilden und deprimieren möchten, gebe ich jetzt eine Reihe geprüfter Rezepte, die bei richtigem Gebrauch die ganze Familie und Nachbarschaft von der Idee heilen werden, daß du eine reizvolle Gesellschaft bist.

- Mach dich selbst herunter. Erzähle dir selbst und anderen, was für ein wertloser und minderwertiger Mensch du bist, jemand, der nichts zustande bringt.
- Erzähle Freunden, wenn sie dich fragen, wie es dir geht, bis ins kleinste Detail, wie wertlos du bist und wie schlecht es dir geht.
- Prahle mit Dingen, von denen jeder weiß, daß du sie nicht getan hast.
- Sitze mehr als zwei Stunden täglich vor dem Fernseher. Je mehr du das tust, desto lustloser und langweiliger wirst du.
- Rede immer über ein und dasselbe Thema (Sport, Sexualität, den Aktienmarkt, deine Kinder).
- Versuche immer, möglichst übertrieben (Oh, wie reizend ist hier alles!) oder möglichst zynisch und sarkastisch zu wirken. Ein Zyniker ist jemand, der, wenn er verblühte Blumen riecht, sofort nach dem Sarg sucht.

- Erzähle anderen mitleidslos, wie müde du bist.
- Rede zuviel und versuche, fortwährend am Wort zu bleiben. Zuwenig reden ist längst nicht so langweilig, zumindest, wenn du weiterhin den anderen zuhörst.
- Sei dir über alles absolut sicher.
- Beklage dich vor allem viel.
- Sei argwöhnisch und mißtrauisch in bezug auf die Motive von anderen, wer es auch ist. Denke immer: Warum willst du das wissen, was beabsichtigst du damit?
- Gehe mit anderen immer oberflächlich um und werde nie intim.
- Sei total abhängig von dem, was andere von dir denken (könnten). Sie werden in jedem Fall schnell durchschauen, daß man mit dir nicht offen reden kann.
- Nähere dich Menschen immer mit folgendem Einleitungssatz:
  »Ich will Ihnen nicht zur Last fallen, Sie langweilen oder zu viel Ihrer Zeit in Anspruch nehmen...« Das ist Schein-Demut.
- Weigere dich, neue Erfahrungen zu machen oder Dinge zu tun, die du noch nie getan hast.
- Verkünde laut, wie du dich immer für andere aufopferst und wie undankbar die anderen doch sind.
- Verdirb anderen ihre Geschichte (du hast sie bereits gehört, selbst schon darüber nachgedacht oder selbst bereits erlebt).
- Sprich ständig über andere Menschen. Zieh vor allem über Menschen her, die die Gesprächspartner nicht kennen.
- Akzeptiere niemals, daß du allein bist.
- Organisiere nach deinem Urlaub eine Dia-Vorführung von mindestens zwanzig Minuten.
- Sage über Menschen, die anziehend aussehen, immer etwas Negatives oder suche weiterhin nach etwas, das vielleicht nicht so gut an ihnen ist, und bausche das ordentlich auf.

Schreibe dir diese Anweisungen in Riesenbuchstaben in deinen Kalender oder hänge sie über deinen Schreibtisch oder an die Kühlschranktür. Denn wenn du einen oder mehrere davon nicht getreulich befolgst, wirst du niemals ein vollkommen langweiliger und ständig deprimierter Mensch.

Behinderte und Nichtbehinderte

Es gibt mindestens zwei wichtige Gründe, warum eine körperliche Behinderung emotional belastend wirken kann. Der eine stellt die Art und Weise dar, wie jemand selbst mit seiner Behinderung umgeht. Der zweite ist die Art und Weise, wie andere darauf reagieren. Ich gehe zuerst auf die anderen ein, danach auf die Behinderten selbst.

Wenn du selbst keine Behinderung hast, dann kennst du bestimmt jemanden, ein Familienmitglied oder einen Freund, bei dem das der Fall ist. Laut Schätzungen haben ungefähr fünfzehn bis zwanzig Prozent der Menschen bei uns in den Niederlanden (grob gerechnet einer von sechs) eine schwere körperliche, geistige oder emotionale Behinderung.

Eine Behinderung zu haben bringt oft allerlei Probleme mit sich: soziale, emotionale, sexuelle und natürlich auch ökonomische und finanzielle. Ein Großteil der Probleme liegt in der Tatsache, daß Behinderte häufig von den Nichtbehinderten vom Hauptstrom des Lebens ausgeschlossen werden.

Als Psychologe, der viel mit behinderten Menschen gearbeitet hat, habe ich einige Hinweise für Menschen, die selber nicht behindert sind, die es aber natürlich noch werden können:

- Wage einen direkten Versuch, mit einem Behinderten in deiner Umgebung Freundschaft zu schließen. Tue das nicht aus Mitleid, sondern aus Sympathie und Verbundenheit, als Beweis, daß du ein anständiger Mensch bist.
- Baue deine Freundschaft auf der Basis gemeinsamer Interessen auf, indem du derjenigen Person hilfst, ein Interesse auf dem Gebiet zu entwickeln, mit dem du dich selbst beschäftigst und das dir Genuß bereitet.
- Ist die Beziehung erst einmal aufgebaut, behandele den Behinderten nicht mit übertriebener Vorsichtigkeit oder

Empfindsamkeit; das richtet mehr Schaden an, als daß es Gutes bewirkt.

- Zögere nicht, offen deutlich zu machen, was dir gefällt und was dir nicht gefällt. Beispiel: Es kann sein, daß dein(e) behinderte(r) Freund(in) freundschaftliches Interesse deinerseits für Liebe im engeren Sinn hält; sollte das der Fall sein, zögere nicht, darüber zu sprechen, denn je früher und je deutlicher diese Dinge besprochen werden, desto besser.

  Es gibt einen weiteren wichtigen Punkt: Es ist nicht ungewöhnlich, wenn du dich am Anfang unbehaglich fühlst. Nur sehr wenige Menschen werden sich anfänglich wohl in ihrer Haut fühlen bei jemandem, der blind ist oder taub oder der einen Gehirnschaden hat (zum Beispiel Aphasie, das heißt nicht oder sehr schwer sprechen zu können). Indem du dir deine Unbehaglichkeit vor Augen führst, sie zugibst, vermeidest du schädliche Gefühle wie Mitleid, Scham, Schuld, Zurückweisung und deinen Rückzug. Rede ruhig darüber, und oft wird es so sein, daß dein(e) behinderte(r) Freund(in) in der Lage ist, dich direkt oder indirekt darauf hinzuweisen, wie damit umzugehen ist.
- Tue so viele normale Dinge mit ihm oder ihr, wie du sie auch mit einem (einer) nichtbehinderten Freund(in) machen würdest.
- Schließlich: Wenn du vor den behinderten Menschen in deiner Umgebung davonläufst oder den Kontakt mit ihnen auf das notwendigste beschränkst, dann stimmt mit dir etwas nicht. Was mit dir nicht stimmt ist, daß du dich nicht von Oberflächlichkeiten loslösen kannst, im buchstäblichen und übertragenen Sinne.

Außerdem ein paar Hinweise für Menschen, die selbst eine Behinderung haben:

- Niemand kann ohne deine Zustimmung bewirken, daß du dich minderwertig fühlst.
- Wenn du selbst Interessen hast, gibt es immer jemanden, der Interesse an dir hat.
- Wenn du dich ständig langweilst, wird es auch langweilig sein, etwas mit dir zu machen.

- Wenn du nichts zu tun hast, tue das dann nicht mit jemand anderem zusammen.

Das Wichtigste: Wenn du in unserer Gesellschaft behindert bist, wirst du schwer arbeiten müssen, um Freunde zu gewinnen, um anderen Menschen deutlich zu machen, daß du in erster Linie »Mensch« bist, eine Person, und daß deine Behinderung sekundär ist, erst nach allem kommt, was für dich als Person wichtig ist.

Eines der Dinge, die du wirklich wirst lernen müssen, ist das folgende: Um von anderen das zu bekommen, was du brauchst, materielle Hilfe, aber auch soziale und emotionale Unterstützung, mußt du oft fragen. Vergiß das nicht! Wenn du nicht fragst, weil du meinst, daß du eigentlich nicht von anderen abhängig sein willst oder daß andere von selbst tun müssen, was du brauchst, dann übst du *Selbstsabotage*. Du schießt damit ein Eigentor.

Selbstsabotage

Depressive Gefühle, Einsamkeit und Minderwertigkeitsgefühle sind oft Ursache und Folge (beides kann möglich sein) der Tatsache, daß du nicht wagst, den Raum im Leben einzunehmen, den du brauchst, um dich zu entwickeln, um dich gut zu fühlen.

Wir wachsen alle mit Träumen auf, in denen wir uns selbst etwas Bestimmtes werden, erreichen, haben, zustande bringen sehen. Den meisten von uns gelingt es nie, diese Träume alle zu verwirklichen. Es gibt nur sehr wenige, die so glücklich sind oder die sogar mehr als die eigenen Träume erreichen. Das soll nicht heißen, daß wir mehrheitlich zum Unglücklichsein bestimmt sind, denn sogar eine teilweise Verwirklichung unserer Träume (Traumbeziehung, -arbeit, -entfaltung) ist oft eine schöne Zugabe. Außerdem hat das Leben daneben manchmal noch Überraschungen in petto, an die wir in unseren kühnsten Träumen nicht gedacht hatten.

Jedoch geht es selten ohne jede Gegenwehr. Wer es nicht wagt, für sich selbst zu sorgen, nicht wagt zu fragen, bekommt selten »einfach ungefragt«, was er will. Wer sich nicht traut, »nein« zu sagen, behält selten, was er hat und behalten will. Die Folge von Nichtfragen und Nichtwagen oder davon, keine Grenzen zu ziehen ist häufig Frustration, Wut. Aber natürlich eine Wut, die du nicht wagst, direkt an anderen auszulassen.

Wer mit seinen Aggressionen oder seiner Wut nicht umgehen kann, sie nicht dort äußeren kann, wo es möglich ist, der wird seine feindseligen Gefühle entweder pflegen oder die Wut gegen sich selbst richten, das heißt: Er unterminiert oder beschädigt seinen eigenen Körper.

Vergiß nicht: Depressionen sind oft aufgestaute, versteinerte Aggressionen. Wenn du zu viele solcher Gesteine zu lange mit dir herumschleppst, dann brichst du (und oft deine Beziehung, deine Familie) darunter früher oder später zusammen.

Selbstsabotage hat drei Aspekte:

1. nicht wagen, nach etwas zu fragen, also auch nicht bekommen, was du haben willst;
2. keine eigenen Grenzen ziehen;
3. mit Wut nicht gut umgehen können.

Sprechen wir erst einmal über das Fragen und warum Fragen (sich trauen zu fragen) so wichtig ist.

Vergessen zu fragen

Ein Mann will ein Bild aufhängen. Er hat wohl einen Nagel, jedoch keinen Hammer. Aber der Nachbar hat einen. Also beschließt der Mann, nach nebenan zu gehen und den Hammer auszuleihen. Aber dann beginnt er zu zweifeln: Was ist, wenn der Nachbar mir den Hammer nicht leihen will? Gestern hat er mich auch schon kaum gegrüßt. Vielleicht war er in Eile. Oder tat er nur so, als wäre er in Eile, und hat etwas gegen mich? Was dann? Ich habe ihm nichts getan. Er bildet sich ganz schön was ein. Wenn von mir jemand ein Werkzeug leihen möchte, gebe ich es ihm sofort. Und warum er dann nicht? Wie kann jemand seinem Mitmenschen so eine einfache Bitte abschlagen? Leute wie dieser Kerl sind eine Zumutung für die Nachbarschaft. Und dann bildet er sich auch noch ein, daß ich auf ihn angewiesen wäre. Nur weil er einen Hammer hat. Nun hab ich's wirklich satt.

Er stürmt aus der Tür, klingelt. Der Nachbar öffnet, aber noch bevor er grüßen kann, schreit ihn unser Mann an: »Weißt du was, du kannst dir deinen Hammer in die Haare schmieren, du Arschloch.«

Diese wunderschöne Geschichte aus Paul Watzlawicks Buch *Anleitung zum Unglücklichsein* illustriert wie keine andere, daß der Mensch ein zwiespältiges Wesen ist. Er lebt gleichzeitig in zwei Welten, der realen Welt und der selbst geschaffenen Welt, oder anders ausgedrückt: in der Welt der Materie und in der Welt der Symbole. Beide sind gleich notwendig. Ohne die eine Welt, die materielle, würde er nicht atmen, essen, sich gegen Kälte und Hitze schützen können. Ohne Symbole wie Wörter, Fantasien, Bilder, würde er sich nicht ausdrücken, nicht reden, nicht kommunizieren können. Nicht mit anderen und ebensowenig mit sich selbst. Er würde nicht denken können, geschweige denn nachdenken. Aber genauso wie die stoffliche Nahrung ihm zum Verhängnis werden kann, seinen Körper vergiften kann, können Symbole Gift für seinen Geist sein.

Ein Gebiet, auf dem das heutzutage sehr sichtbar wird, ist das der Fragen. Viele Menschen, Erwachsene und Kinder, haben die größte Mühe, andere offen um etwas für sich zu fragen. Vor einiger Zeit rief ein Bekannter gegen elf Uhr abends an und fragte, »ob die Versammlung morgen wirklich um soundso viel Uhr beginnen würde«. Ich bestätigte das, worauf das Gespräch beendet wurde. Ein paar Tage später erzählte er, daß es einige Probleme in seiner Beziehung gäbe und er gern einmal mit mir darüber sprechen würde. In diesem Augenblick fiel mir sein später Telefonanruf wieder ein, und ich fragte ihn, ob er vielleicht aus diesem Grunde angerufen hätte, worauf er verlegen lächelnd antwortete, daß es ihm wirklich durch den Kopf gegangen wäre. »Aber warum hast du das nicht gesagt?« fragte ich. Er verteidigte sich damit, daß es schon so spät gewesen wäre, daß er sich nicht aufdrängen wollte, daß ich so beschäftigt war und noch mehr solcher Gründe.

»Aber du hättest doch sagen können, daß ihr Schwierigkeiten habt und du darüber gern mal mit mir sprechen würdest, vielleicht gleich oder sonst später, und hättest mich fragen können, ob ich das tun würde«, rief ich aus. Worauf er antwortete, daß er dann Angst gehabt hätte, ich würde zustimmen, obwohl ich vielleicht überhaupt keine Lust auf sein Gejammer gehabt hätte, und hätte nicht gewagt, nein zu sagen. Das Ergebnis war natürlich gewesen, daß er sich nach dem Telefongespräch frustriert und enttäuscht gefühlt hatte, aber vor allem deshalb, weil er nicht den Mut aufgebracht hatte zu fragen.

Viele Menschen verstecken sich hinter solchen Argumentationen, um nach etwas, was ihnen eigentlich ein großes Bedürfnis ist, nämlich die Hilfe oder das Zuhören eines anderen, doch nicht zu fragen. Einige verteidigen das sogar mit dem Argument, daß sie um keinen Preis wollen, daß sich ein anderer für sie aufopfert. Aber warum eigentlich nicht? Der Stoff, aus dem gute menschliche Beziehungen gewoben werden, besteht daraus, daß wir andere, einen Nachbarn, einen Bekannten, einen Kollegen, notfalls einen Fremden, fragen können, uns etwas von ihrer Zeit, Energie oder ihrem Besitz zu geben, ohne etwas Konkretes dafür zurückzubekommen.

Ich stieg einmal am Amsterdamer Hauptbahnhof in die Straßenbahn und wollte bis zur Endstation fahren. Ich stand neben einem Sitzplatz, auf dem eine Frau saß, die, wie aus einer Frage an einen Fahrgast hinter ihr hervorging, auch dort aussteigen mußte. Nach ungefähr einer viertel Stunde beschloß ich, die Frage zu wagen, ob ich für die zweite Hälfte der Fahrt auf ihrem Platz sitzen dürfte. Zuerst sah sie mich an, als ob ich in die Irrenanstalt gehörte, aber als ich ihr erklärte, daß unsere Reise gleich lang wäre, daß sie bereits eine viertel

Stunde gesessen hätte, während ich stehen mußte, und es mir aus diesem Grund nicht ungerecht erschien, daß wir unsere Plätze tauschten, stand sie lachend und kopfschüttelnd auf und sagte: »Na, dann mal los.« Während der restlichen Fahrt führten wir ein angeregtes Gespräch, unter anderem über »fragen«, aber auch über viele weitere Dinge. Sie wird mich wohl noch immer für verrückt halten, aber ich bin davon überzeugt, daß sowohl ihre als auch meine Fahrt interessanter und angenehmer verlief, einzig und allein, weil ich sie gebeten hatte, sich für mich aufzuopfern.

Fragen bedeutet eine Beziehung herstellen oder zumindest einen Anfang damit machen. Nicht zu fragen (wagen) bedeutet, sich von anderen zu isolieren. Wenn in einer Versammlung oder Gesprächsgruppe heftig diskutiert wird, geschieht es oft, daß unter den Anwesenden Menschen sind, die am liebsten auch etwas hätten sagen wollen, aber es letztendlich doch nicht tun. Fragst du sie später, wie sie die Zusammenkunft fanden, klingt nicht selten Enttäuschung und sogar Feindseligkeit gegen die anderen in ihrer Antwort durch. Sie hatten das Gefühl, außerhalb zu stehen und von den anderen ignoriert zu werden. »Aber warum hast du nicht einfach um das Wort gebeten, einfach gerufen, daß du auch etwas zur Sprache bringen willst?« ist dann oft meine Frage. Die gebräuchlichste Antwort ist meistens eine Serie von Hirngespinnsten, wie zum Beispiel, daß die anderen wahrscheinlich sowieso nicht zugehört hätten oder es nicht wichtig oder vernünftig gefunden hätten, oder noch schöner, daß die anderen hätten fragen müssen, ob diejenigen, die noch nichts gesagt hätten, auch etwas zur Sprache bringen wollten. Genauso wie bei dem Mann mit dem Hammer ist das Ergebnis solcher Art selbstsabotierender Gedanken oft die Schlußfolgerung, daß die anderen, was dich betrifft, sich ihre Gruppe oder Zusammenkunft sonstwohin stecken können. Oder, in einer weniger aggressiven Version, »daß es letztendlich auch nicht so wichtig war, was ich hätte sagen wollen, also laß es gut sein«. Womit der Abstand zu den anderen größer wird und Isolation oder, noch schlimmer, sogar Vereinsamung entsteht.

Komisch genug liegt hierin oft gerade einer der tieferen

Gründe, warum Menschen nicht fragen. Jemand anderen etwas fragen bedeutet, den Abstand zwischen dir und den anderen zu verkleinern. Viele Menschen haben Angst vor Nähe oder Intimität, und das nicht nur bei Fremden. Deshalb werden viele Fragen oft indirekt gestellt. Jemand sagt zum Beispiel: »Du wirst bestimmt denken, daß ich mich nicht so geschickt angestellt habe.« So eine Aussage ist in Wirklichkeit keine Frage, sondern eine Behauptung über etwas, das ›du‹ denkst. ›Du‹ brauchst darauf also auch in keiner Weise zu antworten. Tust du es doch (›Aber nicht doch, so mache ich es auch oft...‹), dann deshalb, weil du die Frage hinter der Aussage wohl bemerkt hast. Aber der Fragensteller ist – vor allen Dingen, wenn er es oft so macht – wahrscheinlich jemand, der sich nicht so leicht traut, jemand anderen direkt etwas zu fragen, wie zum Beispiel: »Erzähl mal, was hältst du von der Art, wie ich das in Angriff genommen habe?« Die Chance, daß du jetzt ein ›ehrliches‹ Urteil abgibst (›Na ja, nicht sehr klug.‹) ist größer als bei dem Satz: ›Du wirst bestimmt denken...‹, denn in diesem Fall fühlst du heraus, daß der andere bereits im voraus eventueller Kritik von deiner Seite zuvorkommen will.

Und damit befinden wir uns im Zentrum des Problems. Bestimmte Menschen trauen sich nicht zu fragen, weil sie den Gedanken an ein Abgewiesenwerden oder eine negative Reaktion unerträglich finden. Sogar die Vorstellung, daß der andere nur in Gedanken eine negative Reaktion zeigen könnte (›Na ja, ich tue es, aber eigentlich habe ich die Nase gestrichen voll...‹), ist für sie oft schon genug, um jeden Versuch sofort wieder im Keime zu ersticken. Folge ist, daß ihre rechtmäßigen Wünsche oder Bedürfnisse oft unerfüllt bleiben, wenn sie nicht das Glück haben, daß ein anderer ab und zu fühlt, was ihnen fehlt. Aber da Menschen noch immer keine Gedanken lesen können, gilt meistens: »Was du mich nicht gefragt hast, habe ich dir nicht gegeben.«

Vergiß nicht: Im Leben läuft es meistens so, daß, wer nicht fragt, übergangen wird.

Genauso wichtig, wie es ist, um die Zustimmung, die Unterstützung oder den Raum zu fragen, den du für deine Entwicklung benötigst, genauso wichtig ist es auch, diesen Raum, den du dir erworben hast oder auf den du Anspruch hast, schützen zu können. Deine Grenzen ziehen können, »nein« sagen können, ist eine absolute Voraussetzung, um nicht in Bedrängnis (= Depression oder Deprimiertheit) zu geraten.

Aber vielleicht bist du der Typ, der versucht, jedem einen Gefallen zu tun. Die gute Nachricht ist, daß man das nicht kann. Du kannst höchstens versuchen, dein eigenes Leben einigermaßen in Ordnung zu halten, aber nicht das eines anderen. Was der einen Person, dem Freund, den Eltern oder dem Lehrer gefällt, kann ein anderer leicht in den verkehrten Hals bekommen. Was du tust oder worauf du dich einläßt, wird nicht immer begriffen oder gewürdigt.

Wichtig ist, daß du in erster Linie selbst weißt, warum du etwas tust, daß du deine eigene Persönlichkeit entwickelst. In diesem Prozeß wirst du anderen Menschen begegnen, aber nicht jeder – und vielleicht sogar nur ein einziger – wird dich mögen.

Menschen, die versuchen, jedem zu gefallen, gefallen am Ende niemandem.

Also: Versuche ruhig, dein Bestes zu tun, aber das im Bewußtsein, daß dein »Bestes« für bestimmte Menschen nicht gut genug ist. Was wirklich zählt in Beziehungen ist Intelligenz, Phantasie, Charakter, Glück, guter Wille und Selbstkenntnis. Also, tue dir etwas Gutes an und versuche, Menschen kennenzulernen. Aber nur dann, wenn du nicht allein ›ja‹, sondern auch ›nein‹ zu ihnen sagen kannst.

»Nein« sagen

»Kneif mich mal«, bittet der Masochist. »Nein«, antwortet der Sadist.

Auf den ersten Blick ein oberflächlicher Witz, der aber doch zwei tiefere Wahrheiten enthält. Nämlich, daß du durch dein »Nein« anderen Schmerzen zufügen kannst, aber auch, daß du durch dasselbe »Nein« deine eigene Persönlichkeit oder deinen eigenen Charakter ausdrückst oder bestätigst.

Durch das »Nein« ziehen wir eine Grenze zwischen uns und anderen, wo vorher vielleicht überhaupt noch kein Unterschied bestand. Ein Jugendlicher, der zu einem bestimmten Zeitpunkt nicht mehr mit der Familie in den Urlaub fahren will, ist damit beschäftigt, Abstand zu schaffen. Beschäftigt damit, die eigene Persönlichkeit, die eigene Identität von der des Vaters, der Mutter und dem Rest der Familie loszulösen. »Nein« zu anderen ist so betrachtet im Wesen »ja« zu sich selbst.

Ein erwachsenes Kind, das niemals offen »nein, ich habe keine Lust« zu den betagten Eltern zu sagen wagt, wenn diese zum soundsovielten Male bitten, vorbei zu kommen, doktert noch immer an der eigenen Identität, den eigenen Grenzen herum. Es kann noch immer nicht rundheraus sagen: »Ich habe ein eigenes Leben, ich habe eine eigene Persönlichkeit mit eigenen Wünschen und Bedürfnissen, die nicht immer mit euren parallel laufen. Und das haben wir gegenseitig zu akzeptieren und zu respektieren.«

Also ersinnt das erwachsene Kind Ausflüchte, statt einfach keine Lust zu haben, und fühlt sich dann hinterher doch wieder unzufrieden, als ob es doch etwas Ungezogenes, etwas Verkehrtes getan hätte.

Fortwährend »ja« sagen, während du eigentlich »nein« meinst, erspart dir kurzfristig oft Schwierigkeiten mit anderen und ein Schuldgefühl bei dir selbst. Wenn dein Partner mit dir schlafen möchte und du (schon wieder?) nicht willst, dann ist es in einem bestimmten Augenblick wohl sehr leicht, es doch zu tun. Du vermeidest so, daß dein Partner wieder frustriert ist, du brauchst dich selbst weder schuldig zu fühlen noch zu denken, daß du deinen Verpflichtungen nicht nachgekommen wärst. Und, wahrscheinlich das Wesentlichste von allem: Du reduzierst bei dir selbst ein Gefühl von Angst. Die Angst nämlich, daß ein immerwährendes »Nein«-Sagen den Keim bilden wird für Trennung, letztendlich für Scheidung, für Einsamkeit.

Genauso wie »ja« bedeutet, daß wir Dinge zusammenfügen oder zusammenhalten, mit dem Preis, daß unsere Bewegungsfreiheit eingeschränkt wird, so bedeutet »nein«, daß wir gerade unsere Bewegungsfreiheit vergrößern, aber der Preis dafür ist Abstand, Trennung, manchmal sogar das Abgewiesenwerden des einen durch den anderen. Wer »ja« sagt auf die Bitte des Chefs, Überstunden zu machen, der hält dadurch die Beziehung im Moment stabil, aber stellt dadurch ein Stück seiner Freiheit, freie Zeit, zur Verfügung. Wer »nein« sagt, läuft Gefahr, daß die Beziehung darunter leidet, aber behält für sich selbst, für den Partner oder die Familie, mehr Freiheit.

Es ist kein Zufall, daß der Zeitpunkt, an dem ein Kind zu lernen anfängt, mit Worten oder Gebärden »nein« zu sagen, mit dem Zeitpunkt zusammenfällt, an dem es beginnt, sich selbständig zu bewegen. Durch die Zunahme der Bewegungsfreiheit des Kindes erfährt das Verhältnis zu Mutter oder Vater eine radikale Veränderung. Da das Kind jetzt Raum zwischen sich und den Erziehenden schaffen kann, wird deren Kontrolle über oder der Einfluß auf das Verhalten des Kindes in zunehmendem Maße von Gebärden und Worten abhängig. Der Erziehende lernt, diese Signale mit den Frustrationen seiner Wünsche zu assoziieren – und mit den Aggressionen, die durch die Frustration hervorgerufen werden.

Auf die Dauer beginnt das Kind selbst, diese Signale zu übernehmen und sie – so ungefähr mit fünfzehn Monaten – als eigenes Muster zu gebrauchen, um den Wünschen oder den Anweisungen der Erziehenden entgegenzutreten. Damit beginnt die Trotzphase, die so typisch ist für das zweite Lebensjahr und die ziemlich vielen Eltern Probleme bereitet. Das Kind hat ja die Neigung, genau das nicht zu tun, um das man bittet. Raffinierte Eltern benutzen darum den Trick, das Kind genau um das Gegenteil dessen, was sie eigentlich wollen, zu bitten: »Wenn wir gleich draußen im Schnee spazierengehen, darfst du deinen Mantel nicht anziehen.«

Erziehen und erzogen werden ist in der Tat ein kompliziertes Spiel von Jas und Neins, von sich fügen und etwas von sich selbst abgeben, von sich wehren und Raum für sich selbst einklagen. Weil die Erziehenden anfänglich die meiste Macht haben und Kinder bevorzugen, die sich fügen, anstatt ihren eigenen Weg zu wählen, benutzen sie die meist unterschiedlichen Tricks, um »nein« den Widerstand auszutreiben. Der meistbenutzte und vermutlich schädlichste ist der »Schuldtrick«: »Wenn du ›nein‹ zu mir sagst, werde ich böse, traurig, fühle mich abgewiesen, zu kurz gekommen. Wir, diejenigen, die dich gezeugt, versorgt, sich immer für dich abgemüht haben, fühlen uns deinetwegen schlecht; du bist schuld. Du bist schlecht, wenn du so etwas tust.«

Kinder, die mit solchen Tricks erwachsen werden, machen offenbar ein ziemliches Chaos aus ihrem Leben. Sie finden es oftmals schwer, deutliche Entscheidungen zu treffen; sie haben fortwährend das Gefühl, daß sie alles machen müssen. Sie tun eine Menge Dinge, nicht, weil sie es gern wollen, sondern weil sie denken, daß sie nicht anders können, daß es ihre Pflicht ist. In Wirklichkeit wissen sie nicht mehr, was sie selbst eigentlich wollen, wer sie selbst sind.

Freud hat in einem sehr kuriosen Artikel, dem er den Titel »Verneinung« gab, gezeigt, warum solch ein Reaktionsmuster im Erwachsenenleben eigentlich sehr kindhaft ist. Seine These ist die, daß unser Unterbewußtsein, nennen wir es unser Triebleben, den Begriff des Negativen, des »Nein«-Sagens, nicht kennt. Das Unterbewußte strebt nur danach, allerlei Wünsche zu befriedigen, und zwar so direkt und so frustrationslos wie möglich. Wenn es gut läuft, lernen wir im Laufe unserer Entwicklung ein Realitätsprinzip zu entdekken. Ein Prinzip, das besagt, daß in unserer Welt eine ungehemmte Befriedigung unserer Triebe nicht möglich ist und wir deshalb lernen müssen einzusehen, daß die Antwort auf einige unserer Wünsche »nein« oder »nicht möglich« lautet.

Je öfter du »ja« zu jemandem oder zu etwas sagst, desto schwerer wird es, »nein« zu sagen. Die Erklärung dafür ist, daß, wenn eine Gewohnheit sich erst einmal geformt hat, es allerlei Kräfte gibt, die sich gegen eine Veränderung wehren. Jemand, der immer »ja« sagt und eines Tages plötzlich beschließt, daß es besser ist, auch einmal »nein« auf eine bestimmte Bitte zu sagen, wird sich im nachhinein angespannt fühlen. Genauso wie jemand, der immer geraucht hat und an einem bestimmten Tag beschließt, damit aufzuhören, dabei anfänglich ein Gefühl von Anspannung erfährt.

Worauf es ankommt, ist, wie dieses unvermeidliche Gefühl von Anspannung interpretiert wird. Die meisten Menschen neigen dazu, ihre Anspannung als ein Zeichen dafür zu sehen, daß die Entscheidung, »nein« gesagt zu haben, doch verkehrt gewesen sein muß (»Sonst würde ich mich doch nicht so fühlen.«). Sie fühlen sich also deshalb schuldig.

Wenn du fast immer »ja« sagst zu jemandem – einem Chef, Kollegen, Familienmitglied oder Bekannten –, wenn dieser dich fragt, ob du bei einer Sache helfen kannst, weil du gut darin bist, dann ruft einmal »nein« sagen Spannungen hervor. Wenn du diese Spannung interpretierst als »doch nicht so nett von mir, ich hätte es vielleicht doch tun sollen, er wird das sicher nicht sympathisch finden...« oder etwas Ähnliches, dann wirst du das nächste Mal ganz bestimmt wieder kapitulieren.

Wenn du dir selbst klar machst, daß du jetzt einmal »nein« sagst, damit eine Gewohnheit durchbrichst und dich deshalb etwas unbehaglich und angespannt fühlst, daß dies aber eine ganz normale Reaktion ist, dann wirst du dir selbst keine Vorwürfe machen oder glauben, daß das, was du tust, verkehrt ist. So machst du einen ersten wichtigen Schritt auf dem Weg zu deinen eigenen Grenzen und zum Aufbau oder Verstärken deiner eigenen Persönlichkeit und Identität. Außerdem bedeutet es meistens weniger Überlastung und Uneinigkeit im Hinblick auf deine Mitbewohner.

Aber es gibt natürlich einen Preis, der fürs »Nein«-Sagen bezahlt werden muß, dort, wo du früher immer »ja« gesagt hast. Der Preis ist, daß andere dich manchmal tatsächlich nicht so nett finden werden, dich vielleicht anfänglich sogar weniger schätzen werden. Wer deutlich eigene Grenzen zieht, seine eigene Identität bestimmt, der erlangt mehr emotionale Bewegungsfreiheit und Selbstrespekt, aber verliert in gewissem Sinne ein bequemes Gefühl von »wir sind alle eine große Familie«.

Es gibt ziemlich viele Menschen, die sowohl »nein« sagen möchten, wenn sie Lust dazu haben, als auch die Beziehung mit anderen aus ihrer direkten Umgebung genauso aufrecht erhalten möchten, wie sie zu der Zeit war, als sie gewöhnt waren, immer »ja« zu sagen. Solche Menschen betrügen sich selbst, denn wählen ist verlieren. Aber genau wie in der Politik sind die Nichtwähler die wahren Verlierer.

Wut und Feindseligkeit

Eine der deutlichsten Arten, »nein« zu sagen, um damit anzuzeigen, daß deine Grenzen auf eine nicht zu akzeptierende Weise übertreten werden, ist wütend werden. Es ist lebenswichtig für uns, wütend werden zu können. Wer nicht wütend auf andere werden und die Wut nicht äußern kann, ist dazu verurteilt, im stillen (und manchmal nicht so still) feindselige Gefühle zu hegen. Feindseligkeit ist immer destruktiv, für andere und für dich selbst.

Sprechen wir zunächst über Wut und Feindseligkeit im Hinblick auf andere. Das legitime Ziel von Wut ist das Deutlichmachen einer Kränkung. Wenn das nicht auf die richtige Weise geschieht, kann Wut leicht in Feindseligkeit umschlagen oder sogar in gewalttätige Wut. Dampfablassen allein (schelten, schimpfen, mit den Türen knallen) führt für gewöhnlich nicht dazu, da du dich erleichtert fühlst, daß es doch überhaupt nichts damit zu tun haben muß – und also nicht deutlich zu machen brauchst –, warum du dich genau gekränkt fühlst. Es ist immer eine gute Methode, bis zehn zu zählen, bevor du deine Wut äußerst, und manchmal ist es auch eine gute Möglichkeit, innezuhalten und zu fragen: »Na, wessen Problem ist das eigentlich?« Dann stellt sich manchmal heraus, daß es wirklich nur dein Problem ist und daß es deshalb wenig sinnvoll ist, einen anderen dafür anzugreifen.

Ich stimme mit einigen Fachleuten überein, die sagen, daß es ganz gleich ist, ob du deine Wut äußerst oder nicht, wenn du den Grund deiner Kränkung nicht deutlich machst; die Empfänger deiner unbestimmten Wut fühlen sich sonst einfach nur verletzt; also läuft es auf diese Art und Weise nicht. Schweigend dasitzen und heulen ist natürlich die schlimmste Reaktion. Sie ist eine passive Art, Feindseligkeiten auszudrücken, die mehr verletzt als deutlich macht, was dir auf der Seele brennt.

Versuche zu vermeiden, die Wut in einem Anfall enden zu lassen, besonders in einem persönlichen Anfall. Begnüge dich mit der Frage, worum es geht. Verdamme nicht sofort die ganze Person. Sage nicht: »Ich finde dich total zum Kotzen.« Sage: »Ich bin wütend über das, was du gesagt hast.« Oder: »... was du getan hast.«

Wut ist ein akzeptiertes und legitimes Gefühl; Gewalt ist eine Reaktion, die typisch ist für schwache, unreife, unausgeglichene Menschen (Schurken) und weniger für ausgeglichene, verantwortliche Menschen (Helden – Heldinnen).

Das Resultat einer Konferenz der Weltgesundheitsorganisation aus dem Jahre 1984 lautete: Wut, vorausgesetzt, sie wird auf eine richtige Art eingesetzt, kann die Möglichkeit eröffnen, Kränkungen deutlich zu machen, Probleme zu lösen, eine Ungleichheit von Macht oder Einfluß in einer Beziehung zu korrigieren und verletzten Stolz wiederherzustellen. Wut beinhaltet die potentielle Energie zur Veränderung.

Andererseits kann Wut, wenn diese in unbewältigte Feindseligkeit umgesetzt wird, auf ernsthafte körperliche Beschwerden hinauslaufen, auf ernsthafte emotionale Konflikte (vor allem Depressionen) und damit auf eine verminderte Fähigkeit, in Beziehungen (in der Schule oder bei deiner Arbeit) gut zu funktionieren. Es kann manchmal sogar auf Selbstmord oder einen Selbstmordversuch hinauslaufen, aber über diese dramatische Folge werden wir später noch sprechen. Erst einmal etwas darüber, woher unsere Neigung zur Feindseligkeit (wenn wir eigentlich nur wütend sind) kommt. In vielen Fällen wird der Nährboden hierfür im Eltern-Kind-Verhältnis gelegt.

Feindselige Wut

»Warum hast du das getan?«

»Weiß ich nicht.«

»Sonst bist du doch auch nicht auf den Mund gefallen. Also, warum?«

»Weiß ich nicht.«

»Los, mach zu, sag schon, warum?«

»Weiß ich nicht.«

»Du weißt verdammt noch mal nie etwas, wenn du es nicht wissen willst. Dummer Bengel, man müßte dich mal...«

Gespräche wie diese, manchmal gekrönt von einer Ohrfeige, aber oft glücklicherweise auch nicht, bilden in vielen Familien ein stets wiederkehrendes Element der Eltern-Kind-Beziehung. Sie führen dazu, daß sich Eltern verzweifelt fragen, wie sie in Himmelsnamen jemals so masochistisch haben sein können, solche Sargnägel gezeugt zu haben. Der Anlaß hierfür liegt auf der Hand.

Die jüngste Tochter fällt flach-aufs-Gesicht-Zahn-durch-die-Lippe auf den Wohnzimmerboden, und während sie blutend und weinend das ausgestreckte Bein ihres großen Bruders als Ursache bezeichnet, sagt dieser, ohne eine Miene zu verziehen: »Och, aber das Bein lag die ganze Zeit schon da, hätte sie besser gucken müssen.«

Sohnemann ist bereits tausendmal gebeten worden, das Glas festzuhalten, wenn er Cola einschenkt, aber ganz bestimmt tut er es das tausendunderste Mal wieder nicht, und prompt kann man den Couchtisch aufwischen und seine Kleidung waschen. Auf die bissige Frage: »Warum hältst du das Glas verdammt noch mal nicht fest?« kommt knochentrokken: »Weiß nicht, bestimmt vergessen.«

Das sind die Momente, in denen viele Eltern stillschweigend Kindesmißhandlung, Erziehungsanstalten und Internate als wünschenswerte oder zumindest begreifliche Maßnahme in Betracht ziehen. Erziehung stellt sich dann, und in einer Unzahl anderer Augenblicke ebenfalls, als eine fortwährende Feldschlacht zwischen den Generationen heraus, wobei es an der nötigen Sportlichkeit mangelt. Denn beide Parteien weigern sich meistens, offen zuzugeben, daß der andere dieses Mal wirklich gewonnen hat, das heißt, wirklich recht hat.

Es läßt sich also kaum vermeiden, daß zwischen Eltern und Kindern von Zeit zu Zeit Gefühle von Feindseligkeit auftreten. Noch einmal in aller Deutlichkeit: Feindseligkeit ist bestimmt nicht das gleiche wie Wut. Wir sind auf jemand *wütend*, wenn er etwas tut, das uns frustriert oder das unseren Interessen schadet, und wir fordern dann, daß er sein Verhalten verändert oder den Schaden wiedergutmacht. Aber *Feindseligkeit* ist ein Gefühl, das nicht auf das Verhalten eines anderen begrenzt ist; es richtet sich gegen die ganze Person. Diese muß bestraft, aus unserer Umgebung entfernt oder sogar vernichtet werden. Wütend sein heißt nicht per se, daß du mit dem anderen nichts mehr zu tun haben willst, daß du ihm weh tun oder die Beziehung aufkündigen willst. Bei Feindseligkeit ist das schon so, und darum bedroht oder zerrüttet sie Beziehungen immer.

Wir brauchen die Augen nicht vor der Tatsache zu verschließen, daß Kinder (auch erwachsene Kinder!) ihren Eltern manchmal einfach weh tun wollen, sie quälen wollen, sie in Harnisch bringen oder als emotionalen Mülleimer benutzen. Und es ist einfach nicht wahr, daß solches Verhalten immer eine Reaktion auf etwas Frustrierendes oder Unangenehmes ist, das die Eltern getan haben. Kinder reagieren manchmal die Frustrationen, die andere, Brüder oder Schwestern, Mitschüler, Freunde oder Lehrer, hervorgerufen haben, an ihren Eltern ab. Eltern, und leider besonders die Mütter, sind immer noch die »Prügelknaben«, an denen diese negativen Gefühle ausgelassen werden.

Ein Hauptschüler kommt aus der Schule, seine Mutter bittet ihn, ein paar Einkäufe zu machen, und seine Reaktion ist: »Auch das noch. Ich habe aber auch wirklich nie meine Ruhe. Ich bin doch verdammt noch mal den ganzen Tag in der Schule gewesen?!« Und wütend geht er aus dem Zimmer und knallt die Tür hinter sich zu. Da sitzt du dann als Mutter und mußt aus einem der vielen möglichen Szenarien wählen, von denen die meisten schlecht und nur einige weniger schlecht oder vielleicht gut sind. Wählst du das Szenario des beleidigten Märtyrers, dann wirst du vor Selbstmitleid heulen über so ein unaufmerksames, nicht-kooperatives Kind, wirst selbst die Einkäufe erledigen und dich hinterher beim Partner, bei Bekannten, Kollegen oder dem Therapeuten beklagen, was für eine undankbare Aufgabe es doch ist, Kinder zu erziehen.

Dem Szenario des beleidigten Großmoguls folgend, starrst du deinem reizenden Kind wütend nach und brüllst: »Meine Güte noch mal, bist du bescheuert! Entweder kommst du sofort hierher, oder...« Manchmal funktioniert das in dem Sinne, daß die Einkäufe doch noch gemacht werden, aber mit »so einem Gesicht«, hängenden Schultern und wortlos. Angenehm ist das natürlich alles nicht, und du kannst diese Art Machtbezeugung, vor allem, wenn nach dem »oder...« eine Strafandrohung kommt, nicht allzuoft anwenden, denn dann verliert die Waffe ihre Kraft. Außerdem bringt dich so viel Wut selbst oft noch mehr aus der Fassung als das Kind.

Ein anderes zweifelhaftes Szenario ist das des verständnisvollen Typs: »Ach ja, das stimmt eigentlich auch. Geh du nur nach oben, dann werde ich schon sehen, wer die Einkäufe für mich macht.« Und mit einem äußerlichen Lächeln und einer inneren Stinklaune schleppst du dich selbst zum Einkaufszentrum.

Das Problem mit allen drei Szenarien ist, daß sie von der Idee ausgehen, daß negative Gefühle eigentlich nicht erlaubt sind, gewiß nicht im Umgang zwischen Eltern und Kindern. Kommen sie doch vor, dann können wir nicht mehr normal miteinander umgehen. Aber warum sollte ein Kind, das aus der Schule kommt, keine schlechte Laune haben dürfen? Und warum sollte ein Elternteil mit seiner Bitte nicht einfach ruhig umgehen können, auch wenn das Kind aus seiner Stimmung heraus negativ auf diese Bitte reagiert? Die Antwort auf beide Fragen ist: Es gibt keinen vernünftigen Grund, warum das nicht möglich sein könnte oder sollte. Aber sowohl das eine akzeptieren (die miese Laune des Kindes) als auch das andere tun (einfach deine Bitte aufrechterhalten), ist ein anderes Szenario als die genannten drei. Die Essenz dieses Szenarios ist Feedback, das heißt a) dem Kind gut zuhören (das müssen wir natürlich immer und überall) und b) dem Kind Rückmeldung geben, was wir gehört oder bemerkt haben. In unserem Beispiel bedeutet das so viel wie: »Ich sehe ein, daß dies vielleicht nicht der günstigste Zeitpunkt ist, dich zu bitten, die Einkäufe zu machen, aber das wußte ich natürlich vorher noch nicht. Setz dich erst einmal hin und ruh dich aus, aber ich würde es doch gern sehen, wenn du die Einkäufe bald machtest.«

Es ist wichtig, uns selbst und unseren Kindern beizubringen, daß Wut und Mißmut ein normaler Bestandteil gesunder Beziehungen sind. Kinder und Eltern haben oft Angst vor ihrer eigenen Wut, weil sie sich über die Heftigkeit ihrer negativen Gefühle dem anderen gegenüber schuldig fühlen, das heißt gegenüber denjenigen, die ihnen oft am meisten bedeuten. Kinder neigen häufig dazu, ihre Wut zurückzuhalten, weil sie Angst haben, daß ihre Eltern sie dann weniger lieben, wenn sie erst einmal wissen, wie stark ihre negativen Gefühle manchmal sind. Wenn sie aufgrund solcher unausgesprochenen Gefühle etwas Dummes tun, werden sie anschließend auf die Frage: »Warum hast du das getan...?« natürlich nicht so einfach die richtige Antwort geben. »Ich weiß nicht« ist dann oft das Sicherheitsventil.

Kinder und Eltern müssen lernen einzusehen, daß lieb sein und böse sein einander nicht ausschließen. Beides sind oft gerade Anzeichen von Verbundenheit. Ein Kind, das böse ist, will deshalb die Beziehung noch nicht aufkündigen. Ein Elternteil, der auf kindliche Wut reagiert, indem er, und sei es nur zeitweise, den Kontakt auf Eis legt, bereitet den Boden für Feindseligkeit. Denn dieser Elternteil will in Wirklichkeit eine bestimmte Seite des Kindes – die böse, mißmutige Seite – nicht akzeptieren, will sie vernichten; sie darf nicht sein. Dasselbe tut ein Kind, wenn es wegläuft, in sein eigenes Zimmer oder aus dem Haus, wenn der Elternteil seiner Wut Luft macht. Aber Gefühle verschwinden nicht einfach deshalb, weil wir ihnen nicht zugestehen, daß sie ausgesprochen werden.

Die schwierigste Aufgabe für jeden von uns ist, »aufrecht« zu bleiben, wenn jemand, den wir mögen, diese paar schmerzlichen Worte ausspricht: »Ich bin einfach stocksauer auf dich.« Der Vater oder die Mutter werden dann von schrecklichen Bildern heimgesucht, von Nächten, in denen man sorgenvoll wachliegt, und von den vielen Malen, wenn man seine eigenen Wünsche dem Kind zuliebe zur Seite gedrängt hat. Ein Kind hat das Gefühl, »absolut schlecht« zu sein, wenn ein Elternteil so etwas sagt. Aber doch erniedrigst du dich als Vater oder Mutter, wenn du selbst auch Feindseligkeit äußerst. Versuche höchstens so etwas wie: »Anscheinend habe ich in deinen Augen etwas Verkehrtes getan. Das mußt du mir dann mal erklären, denn ich, ich weiß es nicht.«

Schließlich, überall, wo ich die Wörter »Eltern« und »Kinder« benutzt habe, kannst du natürlich ebensogut »Männer« und »Frauen« oder »Freunde« und »Freundinnen« lesen.

Schuldgefühl oder Wut und Feindseligkeit gegen dich selbst

Außer mit Wut und Feindseligkeit gegen andere haben wir auch mit Gefühlen von Wut (oft) und Feindseligkeit (glücklicherweise meistens nicht so oft) gegen uns selbst zu kämpfen. In Wirklichkeit ist es das, was wir »Schuldgefühle« nennen.

Schuld ist ein gutes Gefühl, wenn du etwas falsch gemacht hast. Aber es gibt zwei Arten von Schuld. *Gesunde Schuld* hilft dir, dich selbst wieder aufzurichten und befähigt dich, auf eine vernünftige Weise auf ähnliche Situationen oder zukünftige Versuchungen zu reagieren. Gesunde Schuld kann deinen Selbstrespekt vergrößern, wenn du nicht übertreibst und nicht in destruktive Schuldgefühle verfällst.

Ungesunde Schuld bringt dich aus der Fassung und überwältigt dich. Du kannst meistens erkennen, ob deine Schuld ungesund ist. Schuldgefühl entsteht oft aus einer Reaktion auf etwas, das du falsch gemacht hast, aber noch häufiger resultiert Schuld aus etwas, das du nicht einmal getan hast (vielleicht war es etwas, an das du nur gedacht hast) oder womit du niemandem, dich selbst eingeschlossen, Schaden zugefügt hast. So wie masturbieren, als Mann in Frauenkleidern in deinem Zimmer umherlaufen, ab und zu einen Witz über jemand anderen machen, dein Kind allein aufräumen und abwaschen lassen, während du die Zeitung liest. Diese Art (ungesunder)

Schuld ist oft eine Äußerung feindseliger Gefühle dir selbst gegenüber. Oder eines Bedürfnisses, dich selbst zu strafen.

Ungesunde Schuld läuft oft auf eine Depression hinaus. Diese Depression kann wiederum als Waffe gegen die Person verwandt werden, gegenüber der du dich schuldig fühlst.

Fast jeden drücken ab und zu ungesunde Schuldgefühle. Das Verändern, das Umsetzen in gesunde Schuldgefühle kann eine lehrreiche Erfahrung sein. Etwas, durch das du »reifst«. Aber um zu reifen, mußt du begreifen, du mußt lernen, einen Begriff von dir selbst zu bekommen. Es folgen einige Beispiele.

Nehmen wir einmal an, daß jemand, der dir viel bedeutet, dich als Kind sexuell mißbraucht hat. Das allererste, was du dir einprägen mußt, ist, daß es nicht deine Schuld war, ungeachtet der Umstände. Sogar, wenn du es zugelassen hast oder es vielleicht nicht einmal unangenehm fandest. Alle Fachleute sind sich darüber einig, daß es niemals die Verantwortlichkeit oder Schuld des Kindes ist, wenn ein Erwachsener so etwas anrichtet.

Vielleicht hast du als Kind in anderer Hinsicht etwas falsches getan oder mitgemacht. Vielleicht hast du damals einen schweren Fehler begangen. Aber das ist nun Vergangenheit. Warum dich dafür noch immer strafen? Die beste Weise, dir selbst darüber hinwegzuhelfen ist, deine Fehler zuzugeben und mit jemandem, dem du vertraust, darüber zu sprechen. Es kann auch hilfreich sein, jemand anderem, der ähnliche Erfahrungen gemacht hat, zu helfen oder ihn zu unterstützen.

Wenn du in einer Zeit, in der dir etwas Schlimmes passierte, böse oder schlechte Gedanken hattest, dann präge dir ein, daß deine schlechten Gedanken niemals die Gründe darstellen für das, was geschah. Es gibt Kinder, die gerade an dem Tag böse Gedanken über einen Elternteil hatten, an dem dieser starb, ihm ein Unglück zustieß oder eine ernsthafte Krankheit festgestellt wurde. Sie fühlen sich dann für diese Gedanken schuldig. Aber Realität ist, daß man ein Unglück oder ein natürliches Ereignis (wie den Tod) nicht mit Gedanken hervorrufen oder verhindern kann. Fahre fort damit, lebenswert zu leben. Dein Verstörtsein oder deine Depression schadet nun vielleicht einer Menge anderer Menschen (deinen Freunden, Kindern, Partnern). Das ist nicht ehrlich. Was du mit deinem Leben tust, beeinflußt andere, ob du das nun willst oder nicht. Und wenn du nicht aufpaßt, wirst du dich auf die Dauer noch schuldig fühlen für das, was du mit deinen ungesunden Schuldgefühlen (und der Depression, die daraus entsteht) in deinem eigenen Leben und dem von anderen anrichtest. So wird eine Depression die Ursache einer Depression!

Der Kern ungesunder Schuldgefühle ist Selbstablehnung. Selbstablehnung bedeutet, dich selbst für unwürdig zu erklären, zu einem schlechten Menschen zu machen, weil du es nicht geschafft hast, bestimmten Forderungen zu begegnen. Obwohl es gut möglich ist, daß die Forderungen zu hoch, zu unrealistisch waren. Ungerechtfertigte Erwartungen oder Forderungen sind die hauptsächlichsten Gründe dafür, daß:

- Enttäuschungen oder Rückschläge in Deprimiertheit oder Depression münden können
- Projekte oder Pläne in einem zu frühen Stadium aufgegeben werden
- so viele Ehen auf eine Scheidung hinauslaufen
- so viele Eltern unzufrieden sind mit ihren Kindern
- so viele Kinder enttäuscht sind über ihre Eltern
- so viele Liebesbeziehungen abgebrochen werden
- so viele Gedanken beunruhigend oder störend sind.

Viele Menschen bezeichnen sich selbst als »anormal« oder »gestört«, weil sie ihre Gedanken nicht normal finden. Aber denk daran, daß es nicht unsere Gedanken sind, die uns »normal« oder »anormal« machen. In Wirklichkeit sind alle Gedanken, lustvolle und leidvolle Phantasien und Träume »normal«. Gedanken kannst du willkürlich hervorrufen oder sie können unwillkürlich, aus deinem Unterbewußtsein, nach oben drängen. Auf manche Gedanken kannst du Einfluß ausüben, bei anderen ist das sehr schwer. Schuldgefühl ist die Energie für das unwillkürliche Wiederholen von nicht akzeptierten Gedanken.

Wenn du das berücksichtigst, dann tut es kaum etwas zur Sache, wie merkwürdig oder geladen deine Gedanken sind. Es ist normal, aggressive oder düstere Gedanken zu haben, zum Beispiel dir vorzustellen, daß deine Freunde oder Eltern tot sind. Es ist normal, darüber zu phantasieren, daß du Sex machst mit jemandem, von dem es niemand erwarten würde. Deine Gedanken legen dein Verhalten oder dein Leben nicht fest.

Anormal oder in jedem Fall »ungesund« ist es, dir selbst zu verbieten, bestimmte Gedanken zu haben oder bestimmte Gedanken zu unterdrücken. Übrigens klappt das meistens sowieso nicht, denn das Verdrängen oder Unterdrücken von Gedanken verschlimmert sie in der Regel oder ruft nur Angst und Depressionen hervor, oder andere Symptome wie körperliche Beschwerden.

Natürlich können bestimmte Gedanken hinderlich sein oder sich vielleicht sogar in eine Obsession verwandeln (genauso wie ein Lied, das dir nicht mehr aus dem Kopf geht). Bedenke, daß jeder ab und zu (und möglicherweise sogar regelmäßig) stets wiederkehrende beängstigende, argwöhnische, magische, sexuelle oder bizarre Gedanken hat. Bedenke auch, daß die Dämonen unseres Geistes (schon jahrhundertelang) am effektivsten durch den Mund ausgetrieben werden. Also, sprich über deine unbequemen Gedanken mit jemand anderem, dem du vertraust. Oder schreibe sie auf, in ein Tagebuch oder mit Hilfe eines Briefes an jemanden, der Interesse an dir hat. Manchmal ist das so schwer, daß du dir aus Scham oder Schuldgefühl vielleicht lieber die Zunge (oder den Stift) abbeißen würdest.

So begreiflich das auch ist, diese Haltung ist eine Form der Selbstsabotage. Wenn du dein Äußeres in Ordnung bringen willst, dann greifst du bestimmt automatisch nach einem Spiegel. Um dein Inneres (deine Gedanken) in Ordnung zu bringen, hast du meistens auch einen Spiegel nötig, jemand anderen, der auf das, was du denkst, reagiert, oder ein Blatt Papier, das deine Gedanken schwarz auf weiß widerspiegelt. Natürlich ist das, was du dich selbst aussprechen hörst oder was du vor dir siehst, nicht immer gerade erhebend oder schmeichelhaft für dein Selbstwertgefühl. Du mußt lernen, das zu akzeptieren.

Der vollkommene Mensch

Denke daran, daß die »wahrste« Aussage, die du über dich selbst (oder jemand anderen) machen kannst, die ist, daß du ein fehlbares menschliches Wesen bist. Natürlich gibt es Menschen, die gern den Eindruck erwecken, als seien sie immer in allem vollkommen. Aber das sind weder die besten noch die gesündesten Vorbilder, wie die folgende Geschichte so schön deutlich macht.

Ein berühmter Rabbi saß inmitten seiner zahlreichen Schüler, die hitzköpfig miteinander disputierten. Plötzlich sank der Rabbi tief in Gedanken versunken vornüber. Die Schüler wurden auf einen Schlag still und warteten gespannt ab, zu welchen erhabenen Gedanken die Konzentration ihres Meisters führen würde. Nach einer Weile richtete sich der Rabbi wieder auf, hob feierlich seine beiden Hände und sagte: »Ich habe einen großen Gedanken gehabt. Ich werde ein Buch schreiben über ›Den vollkommenen Menschen‹.«

Diese Ankündigung hatte auf die Schüler eine niederschmetternde Wirkung, und als sie sich wieder gefaßt hatten, begannen sie, aufgeregt miteinander zu diskutieren, was nicht alles in diesem Buch stehen müßte. Sie waren damit noch immer beschäftigt, als der Rabbi auf einmal wieder vornüber sank. Die Schüler stießen sich an und flüsterten, daß jetzt noch etwas Wichtiges geschehen würde. Dieses Mal dauerte es in der Tat viel länger, bevor der Rabbi sich wieder aufrichtete. Erneut erhob er seine Hände und sagte: »Ich habe jetzt einen noch größeren und noch weiseren Gedanken gehabt.« Die Schüler gerieten vor Aufregung völlig aus dem Häuschen, und es dauerte eine Zeit, bevor der Rabbi sich wieder verständlich machen konnte, und er sagte: »Diese weise Eingebung ist, daß ich das Buch nicht schreiben werde.«

5
Wenn du oder jemand, den du kennst, aus dem Leben gehen will

»Warum will jemand sich umbringen?« fragt Klaus Mann, der Sohn von Thomas Mann, in seiner Biographie. Um dann selbst darauf die Antwort zu geben: »Weil man die nächste halbe Stunde, die nächsten fünf Minuten nicht mehr erleben will, nicht mehr erleben kann. Plötzlich ist man an einem toten Punkt, am Todespunkt. Die Grenze ist erreicht...«

Selbsttötung oder der Versuch zur Selbsttötung ist die Absicht, einer als untragbar empfundenen Situation ein Ende zu setzen, ausgeführt in einem Gemütszustand, in dem es nicht mehr wichtig ist, ob alles wirklich verloren, wirklich aussichtslos ist. Es ist nur noch das Gefühl von Hoffnungslosigkeit, das zählt. Das Gefühl dauert meist nur kurz an – eine Stunde, ein paar Stunden, einen Abend, vielleicht ein paar Tage – aber für einige von uns wiegt es so schwer, daß sie buchstäblich bis zum Äußersten gehen, um sich davon zu befreien.

Ungefähr eintausendfünfhundert Menschen setzen jedes Jahr ihrem Leben ein Ende. Aber diese Zahl sagt allein noch nicht viel aus. Sie sagt schon mehr, wenn man weiß, daß um die fünfunddreißig- bis vierzigtausend Menschen einen Selbsttötungsversuch unternehmen, an dem sie glücklicherweise (meistens) nicht sterben. Also »nur« zwei oder drei von hundert Menschen, die einen Selbstmordversuch unternehmen, sterben an den Folgen.

Wie sieht es mit den siebenundneunzig anderen aus? Meistens nehmen sie den Lebensfaden früher oder später wieder auf; finden sie einen Grund, eine Beziehung, ein Projekt, um weiterzumachen. Ihr Versuch war eine Äußerung aufgestauter Frustrationen, Wut, Enttäuschung, Trauer über die Welt und andere Menschen. Eine Sicherung, die durchbrennt, worauf es für kurze Zeit dunkel wird. Meistens dauert es eine Weile, bevor wir merken, was genau passiert ist und daß wir das Licht wieder anmachen können. Solches »Durchbrennen« stellt sich schließlich oft als gar nicht so schlecht heraus, denn wir entdecken zum Beispiel, daß auf dem »Beziehungsnetz« zu viel Spannung stand oder daß wir oder andere in unserer Umgebung mit bestimmten Dingen viel zu stark beschäftigt waren. Es gibt nichts Schmerzhafteres als erfahren zu müssen, daß die Spannung auf dem Lebensnetz so stark gestiegen ist, daß der Schlag, wenn er kommt, sofort tödlich ist. Vermutlich kennst du sogar jemanden, der seinem Leben selbst ein Ende gesetzt hat. Dann weißt du auch, wie schrecklich schmerzhaft es sein kann, an die Person zu denken, sie dir oder ihn ins Gedächtnis zu rufen. Als ob sich dir ein Messer im Herzen umdrehe. Solltest du nicht imstande sein, jemandem zu helfen (dich selbst eingeschlossen), der ernsthaft an Selbsttötung denkt?

An Selbsttötung denken

An Selbsttötung denken ist normal. Zahllose Menschen haben ein- oder mehrmals im Leben solche Gedanken, meistens in Momenten, in denen sie sich unglücklich fühlen, etwas Schlimmes durchmachen. Es bedeutet noch lange nicht, daß sie sich etwas antun würden oder daß sie tot sein oder endgültig aus dieser Welt verschwinden wollten.

Mit dem Gedanken an Selbsttötung spielen bedeutet meistens so etwas wie mit der Idee spielen, wie einfach es wäre, nichts mehr mitzumachen, wie die Welt aussehen würde, wenn man nicht mehr dabei wäre, wie andere sich dann fühlen würden. Solche Gedanken kommen daher meistens in dir hoch, wenn die Dinge nicht so gut laufen, wenn dir alles gegen den Strich geht, du etwas Schlimmes oder Enttäuschendes erlebt hast. Manche Menschen erschrecken über sich selbst, wenn sie merken, daß sie an »so etwas Abwegiges« wie Selbsttötung denken. Aber eigentlich ist nichts Verrücktes daran, wenn du vor einem schmerzhaften Gefühl oder einem schmerzhaften Ort fliehen willst und dabei an verschiedene Möglichkeiten denkst, wie das geschehen könnte – unter anderem an Selbsttötung. Ebensowenig, wie nichts Verrücktes an dem Gedanken ist, eine Bank auszurauben, wenn du in Geldschwierigkeiten bist. Zwischen einem so weitgehenden Gedanken und der wirklichen Tat liegt für die meisten von uns eine so große Kluft, daß wir glücklicherweise nicht so weit gehen. So ist es auch mit dem Gedanken an Selbsttötung.

Aber es heißt aufpassen, wenn der Gedanke an Selbsttötung oder Selbstmord regelmäßig wiederkehrt, wenn wir diesen Gedanken weiterdenken, überlegen, wie, wo und wann wir es eventuell tun würden und uns in diesem Prozeß immer mehr von anderen abwenden. Je öfter wir das tun, desto mehr kann dieser Gedanke Besitz von uns ergreifen und die Chance bekommen, unser Leben zu dominieren. Darum gehen schwere Depressionen häufig mit ernsthaften Suizidgedanken einher. Denn Depressivsein ist ein Zustand, in dem du nicht oder kaum offen bist für das, was die Welt dir zu bieten hat. Jemand, der depressiv ist, ist in sich gekehrt, hat wenig oder keine Bindungen mehr, hat keine Lust mehr und sieht daher auch keinen Sinn, keine Alternativen mehr. So kann die Idee entstehen, daß es das einzig »Sinnvolle« ist, dem ein Ende zu setzen. Je überzeugter du davon bist und je mehr du die Welt mit den Augen von jemand betrachtest, der doch bald weggeht, desto weniger Sinn bekommen viele Dinge (deine Arbeit, deine Ausbildung, Verabredungen oder Urlaub). Du bist auf dem Rückzug, und so wird der Abstand zwischen dir und der Welt ständig größer. Manchmal kann das Gefühl, daß stets mehr Fäden zerreißen, so beängstigend werden, und das Bedürfnis, doch Kontakt zu anderen Menschen zu haben, so groß werden, daß du in einen Zustand verzweifelter Panik gerätst. Der Wunsch, dann etwas einzunehmen – wie eine Überdosis Tabletten –, um damit das Notsignal »Hilf mir, ich möchte sterben« auszusenden, kann schnell unüberwindbar groß werden. Aber versuche bitte, bevor du das tust, ein noch deutlicheres Notsignal auszusenden. *Erzähle* jemandem, dem du vertraust, genau dieses: »Hilf mir, ich möchte sterben.«

Als ich sechzehn war und eine Zeitlang absolut keinen Sinn mehr im Leben sah, habe ich einmal in der Schule ein Fenster eingeschlagen. Das gab einen solchen Aufstand, daß ich danach im Gespräch jemand dazu brachte, ihm mein Herz auszuschütten. Ich sage damit nicht, daß du nur überall Fenster einwerfen mußt; ich sage nur, daß es andere, konstruktivere Signale gibt als einen Selbstmordversuch.

Du bist nicht verrückt, wenn du an Selbsttötung denkst, du bist nicht verrückt, wenn du andere wissen läßt, daß du nicht mehr für dich selbst einstehen kannst. Du bist einfach im buchstäblichen wie im übertragenen Sinne stumm, wenn du anderen nichts mitteilst. Du hast recht, wenn du sagst, daß du nicht um dieses Leben gebeten hast. Aber bedenke, daß andere, deine Eltern eingeschlossen, auch nicht um ihr Leben gebeten haben. Doch bist du trotzdem ein Teil ihres Lebens, und was du tust, beeinflußt auch ihr Leben. Bei Selbsttötung geschieht das auf eine Weise, um die sie nicht nur nicht gebeten haben, sondern der sie auch nicht gewachsen sind. Denn was sie auch noch mit dir oder für dich hätten tun wollen, es ist dann zu spät.

Du hast recht, wenn du sagst, daß es unsinnig ist, am Leben zu bleiben nur wegen anderer Menschen, nur, weil sie das wollen. Aber es ist auch unsinnig, anderen keine Möglichkeit zu geben, dir Gründe aufzuzeigen, aus denen du auf eine für dich sinnvolle Weise weiterleben könntest. Und das kann natürlich nur geschehen, wenn du ihnen deutlich machst, was du planst.

Manche Menschen denken, daß sie Zeit ihres Lebens nichts zustande gebracht haben, und versuchen deshalb in jedem Fall, aus dem Ende ihres Lebens noch eine große Tat zu machen. Nach dem Motto: »Ende gut, alles gut.« Das einzig Sinnvolle, das ihnen in ihren Augen noch bleibt, ist, ihrem Leben auf eine gute und sorgfältige Art ein Ende zu setzen. Dies soll dann *die* heroische Tat ihres Lebens sein. Aber meistens ist nichts Gutes oder Heroisches an der Selbsttötung (aufgepaßt: das soll überhaupt nicht heißen, daß Selbsttötung feige ist oder daß es keine Beispiele gibt, die ganz entschieden etwas Heroisches haben). Selbsttötung ist meistens die Folge eines Fehlschlags. Was fehlgeschlagen ist, ist das Aufbauen sinnvoller Beziehungen und das Sammeln sinnvoller Erfahrungen mit anderen Menschen. Es handelt sich dabei um Menschen, die oftmals »geben, glauben und liebhaben« können und auch wollen, aber die meistens daran scheitern, den emotionalen Zustand des anderen nachzuvollziehen. Die meisten Menschen aus der Umgebung eines Suizidgefährdeten sind nicht schlecht oder böswillig. Sie sind oft schrecklich beschäftigt mit sich selbst (ihrer Arbeit, ihrem Sport, ihrem elektronischen Spielzeug, ihrem Äußeren, ihren Einkäufen), so daß kaum Zeit und Energie bleibt, um sich auch noch emotional in andere hineinzuversetzen.

Sie werden sich meist erst der emotionalen Zerrüttung ihres Mitmenschen bewußt, wenn etwa schiefzulaufen droht. Aber auch dann noch dauert es oft eine ganze Zeit, bevor sie »zur Tat schreiten«, und in einer Krise kannst du, darfst du manchmal nicht darauf warten. Darum ist es oft wichtig, so schnell wie möglich selbst gute Hilfe zu finden.

Dringende Hilfe – aber wie?

Wenn du dich wirklich sehr elend fühlst oder mit dem Gedanken spielst, deinem Leben ein Ende zu machen, bist du eventuell nicht in der Stimmung, ein ganzes Buch zu lesen. Lies dieses Kapitel, schlage danach die Inhaltsangabe auf und lies die Themen, die auf dein Problem zugeschnitten sind. Ziehe dann jemanden ins Vertrauen. Sage nicht, daß es niemanden gibt, denn in Wirklichkeit gibt es immer jemanden, vorausgesetzt, du wagst diesen Schritt. Rede über das, was dich beschäftigt. Das ist wichtig, selbst, wenn du es bei verschiedenen Menschen versuchen mußt, bevor du die Reaktion bekommst, die du suchst. Versuche es erst bei einem Freund oder einer Freundin – oder bei einem Elternteil –, sogar wenn du davon überzeugt bist, daß sie es nicht begreifen. Gehe dann zu jemandem, mit dem du vertraulich sprechen kannst, wie zum Beispiel zu einem Arzt, einem Lehrer, einem Geistlichen oder rufe die Telefonseelsorge oder andere auf solche Probleme spezialisierten Einrichtungen an. Sie werden bestimmt reagieren.

Sage ganz einfach: »Helfen Sie mir, mir geht es wirklich schlecht.« Es ist ein erster Schritt, um herauszukommen: jemanden finden, der weiß, wie er reagieren muß, auf eine Art, die dich anspricht. Übrigens tut es überhaupt nichts zur Sache, ob du diesen Rat schon einmal früher befolgt hast und er dir damals nicht half. Dieses Mal könnte es schon der Fall sein. Und außerdem, die Zeit arbeitet für dich. Mit der Zeit wirst du über viele Dinge deine Meinung ändern können.

Besonders, wenn du die Zeit nutzt, um jemanden kennenzulernen, der bereit ist, dich an die Hand zu nehmen und dir zu zeigen, daß das, was dich bedroht, nicht nur von außen, sondern (oft) auch von innen kommt. Häufig weinen wir über Dinge oder flüchten vor Dingen, die uns unsere eigenen Gedanken suggerieren. Vielleicht verstehst du besser, was ich damit sagen will, wenn du die folgende Geschichte über den Hasen und den alten Weisen gelesen hast.

Der Hase und der Weise

Eines Tages lag ein Hase unter einem Mangobaum und schlief. Plötzlich schreckte er durch ein lautes Geräusch aus dem Schlaf.

Er dachte, daß dies das Ende der Welt sei und begann zu laufen. Als die anderen Hasen ihn so rennen sahen, fragten sie: »Warum läufst du denn so schnell?« und er antwortete: »Weil die Welt untergeht.« Als sie das hörten, folgten sie ihm alle auf seiner Flucht.

Die Hirsche sahen die Hasen rennen und fragten: »Warum lauft ihr denn so schnell?« und die Hasen antworteten: »Weil die Welt untergeht.« »Verdammt«, sagten die Hirsche, »geht die Welt unter?« und wurden selbst so ängstlich, daß sie sich der flüchtenden Gruppe anschlossen.

So fügte sich eine Gruppe nach der anderen zu der bereits flüchtenden Meute, bis daß sich das gesamte Königreich der Tiere auf einer panischen Flucht befand, die zur sicheren Vernichtung geführt haben würde, hätte nicht...

Hätte nicht am Ende des Waldes ein alter, weiser Mann gestanden. Er sah die Tiere in Panik vorbeirennen und fragte die letzte Gruppe, wovor sie flüchteten. Die Tiere antworteten: »Weil die Welt untergeht.« »Das kann nicht wahr sein«, sagte der alte Mann, »denn die Welt neigt sich noch nicht ihrem Ende zu. Ich muß also herausfinden, warum ihr so denkt.«

Er befragte dann eine Gruppe nach der anderen und verfolgte auf diese Weise die Spur zu den Hirschen und schließlich zu den Hasen zurück. Als die Hasen ihm erzählten, daß sie so rennen würden, weil die Welt sich dem Ende zuneige, fragte er, woher sie das wüßten. Sie wiesen auf den Hasen, der das getan hatte. Der Alte wandte sich diesem Hasen zu und fragte: »Wo warst du und was tatest du, als du dachtest, daß die Welt untergehen würde?« Der Hase antwortete: »Ich lag unter einem Mangobaum und schlief.«

Der alte Mann sagte: »Du hörtest wahrscheinlich eine Mangofrucht fallen; durch das Geräusch schrecktest du aus dem Schlaf, du dachtest, daß die Welt unterginge, und bekamst Angst. Laß uns zum Baum zurückkehren, unter dem du lagst, um nachzusehen, ob es sich so zugetragen hat.«

Und während die übrigen Tiere warteten, gingen Hase und alter Mann zurück in den Wald, fanden den Baum und sahen, daß tatsächlich eine Mango heruntergefallen war, nahe dem Platz, an dem der Hase geschlafen hatte.

So wurde das Reich der Tiere vor dem Untergang gerettet.

Das Leben ist zum Grübeln da

Die Geschichte vom Hasen und vom alten Mann mußt du nicht verstehen im Sinne von: »Du hast selbst schuld, wenn du Angst hast.« Oder: »Die Ursache deines eigenen Unglücks bist du selbst.« Begreife es als eine Illustration der Wichtigkeit einer »second opinion«, der Notwendigkeit, deine Situation mit anderen Augen zu betrachten und dadurch zu sehen, ob es noch andere Reaktionen, alternative Lösungen gibt. Dann entdeckst du häufig, daß deine Wahl einem voreiligen Pessimismus unterlag.

Es kann übrigens auch sehr gut angehen, daß deine Betrachtungsweise realistischer ist als die optimistische Betrachtungsweise der Menschen um dich herum. Es passiert immer wieder, daß andere dir eine Welt vor Augen führen, die rosiger ist als die Wirklichkeit.

Viele Eltern sagen: »Es ist mir egal, was du mit deinem Leben machst, solange du nur glücklich bist.« Natürlich sind wir nicht immer sicher, ob sie das auch wirklich so meinen, aber sagen tun sie es oft. Unsere Freunde, Bekannten und Kollegen grüßen uns oft mit den Worten: »Na, wie geht's? Alles in Ordnung?« Was wird dann anderes von dir erwartet als zu sagen: »Gut, dir auch?«

Anzeigen versuchen uns davon zu überzeugen, daß uns Produkte glücklich machen sollen, und aus der Hitparade schallt es *Life is life and Don't worry be happy*.

Aber im Kern der Sache setzt sich das Leben überhaupt nicht so zusammen. Das Leben ist manchmal kein Leben! Es besteht voller Fehlschläge, Enttäuschungen: Sterben oder Abschied von Menschen, die du liebst, schwere Krankheiten, lange Perioden schlechten Wetters, Untreue, Verrat, Gefühle von Wertlosigkeit und Verzweiflung, Zeiten, in denen du nur noch verstört ausrufen kannst: »Warum ich?« und dich in einem Kreis von Selbstmitleid drehst. Die meisten Menschen finden allerdings Wege, um mit diesen deprimierenden Erfahrungen umzugehen, und sind allmählich davon überzeugt, daß bessere Zeiten anbrechen werden, sogar, wenn es im Augenblick der Krise überhaupt nicht danach aussieht. Ich will noch kurz die Unterschiede zwischen normalem Deprimiertsein bzw. einer normalen Depression und »anormaler« oder neurotischer Depression aufzeigen.

Normales Deprimiertsein, wenn es nicht in eine kurz andauernde Depression übergeht, ist die Folge eines Ereignisses, das dich aus der Bahn geworfen hat. Manchmal stellt sich heraus, daß das, was verkehrt lief, allein deine Sicht der Dinge war. Du hattest zum Beispiel den Eindruck, daß dein Freund dich betrog oder sich hinter deinem Rücken von dir lossagte. Dann entdeckst du, daß das nicht stimmt. Normale Depressionen dauern nicht sehr lange. Trauer nach dem Tod eines geliebten Menschen scheint eine Ewigkeit anhalten zu können, aber wenn es gut läuft, akzeptierst du, daß deine Freunde oder Eltern dir beistehen und dich trösten. Auch wenn du dich im allgemeinen schlecht fühlst, reagierst du auf positive Aufmerksamkeit und Unterstützung.

Viel ernster ist es, wenn du an einer sogenannten *neurotischen (oder psychisch verursachten) Depression* leidest. Der Kern dieser Depression ist, daß du dir selbst die Schuld für etwas gibst, das du nicht getan hast, oder daß du dir selbst nicht verzeihen kannst, was du falsch gemacht hast. Manchmal, als Reaktion, beginnen Menschen dann, viel zu wenig oder viel zu viel zu essen, Drogen oder Alkohol zu gebrauchen. Das führt dazu, daß die Depression länger anhält, schlimmer wird und daß die eventuellen Gedanken an Selbsttötung intensiver werden. Bei solchen Depressionen reagierst du häufig nicht oder kaum auf positive Annäherung von anderen.

Die schlimmsten Formen von Depression treten oft auf, ohne daß ein bestimmtes Ereignis dafür direkten Anlaß bietet. Sie können dazu führen, daß unser Körper nicht mehr gut funktioniert. Einschneidende Veränderungen des Appetits und des Schlafryhthmus' kommen am häufigsten vor. Solche Depressionen haben möglicherweise eine körperliche Ursache und können oftmals mit Medikamenten (sogenannten Antidepressiva) behandelt werden.

Menschen, die wegen ihres (neurotisch oder körperlich bedingten) depressiven Zustandes ernsthaft darüber nachdenken, ihrem Leben ein Ende zu machen, haben meistens nicht nur ein negatives Bild von sich selbst, sondern auch von anderen und der Zukunft. Sie sehen keinen Ausweg oder haben die Vorstellung, daß es niemals anders, besser werden wird als jetzt. Sie haben das Gefühl, daß es niemanden gibt, der ihnen glaubt oder sie begreift. Für sie ist das Leben nicht länger sinnvoll. Vor allem aber können sie sich nicht (mehr) vorstellen, daß:

- Dinge sich immer verändern
- Zeit alle Wunden heilt
- sie meistens eine Reihe Alternativen haben.

Schwarze Aufkleber

Wenn du an einer Depression leidest, trägst du in Wahrheit eine Art Druckpresse in deinem Kopf, die stets dieselbe Botschaft auf einen Aufkleber druckt. Diese Botschaft lautet ungefähr wie folgt: »Es hat doch alles keinen Sinn.« »Ich habe schon soviel versucht, und es hat nichts genützt.« »Sie sind ohne mich besser dran als mit mir.« »Der Mann hat leicht reden, aber er sollte mal fühlen, was ich fühle.« Was andere auch an Vorschlägen und Ratschlägen an dich herantragen, du neigst dazu, stets einen solchen schwarzen Aufkleber daraufzukleben.

Wenn du das jetzt liest, denkst du vielleicht auch: leicht gesagt, aber was soll's, es hat doch alles keinen Sinn mehr? Paß auf! Damit hast du den Aufkleber schon auf diese Seite oder auf dieses Buch geklebt. Und vielleicht kommst du jetzt sofort zu dem Schluß: also ist es doch nur meine eigene Schuld, daß es mir so geht. Damit klebst du dann noch einen Aufkleber auf meinen vorletzten Satz.

Vielleicht hast du das Gefühl, daß du im Moment nicht anders kannst, daß dein Kopf nicht anders kann, als solche selbstsabotierenden Botschaften auszusenden. Das kann sogar stimmen. Bitte deshalb jemand anderen, Sand zwischen die Räder dieser Druckpresse zu streuen. Jeder, der lebensmüde ist und Suizidgedanken hegt, hat fachmännische Hilfe nötig und manchmal auch Medikamente. Aber Psychologen, Psychiater oder andere Fachleute können einem depressiven Menschen oft nicht ausreichend helfen ohne die Hilfe von Freunden oder der Familie. Deshalb beschäftige ich mich im folgenden vor allem mit der Frage, was sie tun können.

Was kann man tun, wenn jemand, den man mag, zum Suizid neigt?

Was kannst du tun, wenn jemand, den du kennst, sagt, daß er seinem Leben ein Ende setzen will? Möglicherweise ist es jemand, den du schätzt und der dich ins Vertrauen gezogen hat.

Sei dir zunächst im klaren, daß du dich nicht einfach nur auf dein eigenes Urteil verlassen kannst, um zu bestimmen, ob es ernst gemeint ist oder nicht. Es ist gefährlich, deine Reaktion auf Gedanken aufzubauen wie:

- Er ist nicht der Typ dafür.
- Sie sagt das nur, um Aufmerksamkeit zu bekommen.
- Ich kann nicht glauben, daß er so etwas ernst meint.
- Wenn sie es wirklich will, kann ich doch nichts dagegen tun.

Mach es anders. Versuche nicht zu argumentieren oder zu beweisen, daß das, was er oder sie tut oder denkt, Unsinn ist, irreal, oder daß »man so etwas einfach nicht machen kann«.

Statt dessen: einladen und zuhören, auch wenn du Angst vor dem hast, was du zu hören bekommen wirst. Ermuntere die Person, Gefühle und Probleme mit dir durchzusprechen. Versuche vor allem, gut zuzuhören, und gib zu erkennen, daß du bereit bist, ihn oder sie begreifen zu wollen:

- Würdest du mir erzählen, was los ist?
- Vielleicht hilft es und erleichtert es, wenn du mir erzählst, wie du dich fühlst.
- Wie lange fühlst du dich schon so elend?

Manchmal gelingt es nicht so ohne weiteres, das Gespräch in Gang zu bringen. Bleibe dabei:

- Es fällt mir auf, daß du in der letzten Zeit sehr unglücklich aussiehst.
- Wenn ich dich so sehe, habe ich den Eindruck, daß du deinen Problemen nicht mehr gewachsen bist.
- Es sieht so aus, als hättest du es in der letzten Zeit sehr schwer gehabt.
- Was brennt dir auf der Seele?

- Es scheint so, als wärest du in letzter Zeit nicht mehr du selbst.
- Auch wenn deine Probleme etwas mit mir zu tun haben, werde ich versuchen zuzuhören, ohne dir ins Wort zu fallen.

Auch wenn du merkst, daß der andere eigentlich nicht sprechen will, bleibe trotzdem offen. Frage ausdrücklich nach, ob er oder sie daran denkt, sich selbst etwas anzutun:
- Geht es dir so schlecht, daß du meinst, es nicht länger aushalten zu können?
- Hast du schon einmal daran gedacht, dem ein Ende zu setzen?

Wenn die Antwort auf die letzte Frage »ja« ist, habe keine Angst vor einem ausführlichen Gespräch über eventuelle Suizidabsichten. Die Selbsttötung wird nicht durch ein offenes Gespräch ausgelöst. Über Selbstmordgedanken zu sprechen, sie anderen anzuvertrauen, kann erleichtern. Frage deshalb »ruhig« nach den genauen Plänen. Je präziser der Plan, desto größer ist das Risiko, daß er auch wirklich ausgeführt wird.

Signale

Menschen, die einen Suizidversuch unternehmen, zeigen vor diesem Versuch oft ganz deutlich, wie hoffnungslos und hilflos sie sich fühlen. Aber auch wenn sie vorher nichts zeigen, kannst du an ihrem Verhalten oft merken, daß der Tod als einziger Ausweg gesehen wird oder daß Selbstmordabsichten bestehen. Bei einigen Menschen entwickelt sich der Plan ganz allmählich. Bei anderen, besonders bei impulsiven Jugendlichen oder Menschen, die sehr viel Alkohol oder Drogen gebrauchen, wird der Entschluß zur Selbsttötung häufig sehr plötzlich gefaßt. Du kannst oft durch eine gute Reaktion auf das Verhalten eines Freundes (einer Freundin) einem Suizidversuch zuvorkommen.

Welche Äußerungen können wichtig sein?

In erster Linie solche, die direkt auf Todeswünsche oder Suizidgedanken hinweisen:

- Ich wünschte, ich wäre tot.
- Ich kann nicht mehr dagegen an.
- Immer läuft alles schief, was habe ich hier also noch zu suchen?
- Über mich brauchst du dir bald keine Sorgen mehr zu machen.
- Ich will nur noch schlafen und schlafen und nie mehr aufwachen.
- Manchmal denke ich, daß ich lieber Schluß machen sollte.
- Wenn ich tot bin, dann wird es ihnen (euch) noch leid tun, wie sie (ihr) mich behandelt haben (habt)...

Welche Verhaltensweisen können wichtig sein?

- eine düstere, depressive, trübe Stimmung
- die Neigung, Kontakte zu vernachlässigen
- die Neigung, Dinge, die sie oder er früher gern getan haben, nicht mehr schön zu finden
- stiller als früher zu sein, und unwillig, über irgend etwas zu sprechen
- das Weggeben persönlicher Dinge, an denen sie oder er hing
- die Neigung, sich in einem bestimmten Moment sehr aggressiv, feindselig und ungerecht zu verhalten oder sogar handgreiflich zu werden
- die Neigung, verworren, unlogisch oder ungerecht zu reden
- die Neigung, seinen Körper und seine Kleidung zu vernachlässigen
- schnell ab- oder zuzunehmen
- die Neigung fortzulaufen
- häufig in Unfälle verwickelt zu sein und die Neigung, unverantwortliche Risiken einzugehen
- Alkohol- und Drogenmißbrauch.

In der Schule oder auf der Arbeit ergeben sich oft gleichzeitig Veränderungen, z. B.:

- Verschlechterung der Leistungen
- häufige Abwesenheit
- schlechte Konzentration, schlechte (Haus-)Arbeit, im Sitzen einschlafen oder dösen
- aggressiveres und gemeineres Verhalten gegenüber Mitstudenten oder Kollegen
- die Beschäftigung mit dem Tod und mit Selbsttötung werden deutlich aus einem Aufsatz, einem Lieblingsbuch oder einem Lieblingsfilm.

Bei jeder Person mit Suizidgedanken wird in einem bestimmten Augenblick irgendeine der oben stehenden Verhaltensweisen auftreten. Man hat Anlaß zur Beunruhigung, wenn mehrere Symptome zusammentreffen, wenn sie länger anhalten und wenn die Symptome Einfluß auf das ganze Leben nehmen. Meistens gibt es dann auch deutlich sichtbare Probleme im Leben deines Freundes oder deiner Freundin. Sei aufmerksam und nimm mögliche Signale ernst.

Wie reagieren?

Neben dem Sprechen über zurückliegende Probleme ist es auch wichtig, wie schon gesagt, nach konkreten Selbstmordplänen zu fragen.

Stelle Fragen wie:

- Wie willst du es tun?
- Wann willst du es tun?
- Wo willst du es tun?
- Hast du die Mittel, es zu tun (Tabletten oder andere Mittel)?
- Hast du so etwas schon früher getan? (Ein früherer Versuch ist ein wichtiger Hinweis für einen erneuten Versuch.)

Bleibe während des Gespräches mit der Person aufmerksam und konzentriert. Mache deutlich, daß du helfen willst, für die Probleme eine Lösung zu finden. Es kann den anderen beruhigen, wenn du über das Gefühl von Verzweiflung sprechen und mitsuchen willst, fachkundige Hilfe zu finden.

Wenn du merkst, daß es dem anderen sehr schlecht geht, laß ihn oder sie nicht allein. Manchmal kannst du in die Lage geraten, sofort Hilfe holen zu müssen für jemanden, der suizidal ist und sich weigert, selbst Hilfe zu suchen. Habe keine Angst, daß du in diesem Fall nicht loyal bist. Viele Menschen, die suizidal sind, haben die Hoffnung (auf jeden Fall zeitweise) aufgegeben. Sie glauben nicht mehr daran, daß ihnen geholfen werden kann. Sie haben das Gefühl, daß Hilfe doch nichts nützt. Die Wahrheit ist, daß ihnen meistens doch geholfen werden kann. Die meisten von uns, die heute Suizidgedanken haben, finden morgen, übermorgen, eines Tages... wieder Möglichkeiten, ihr Leben sinnvoll zu gestalten.

Aber in dem Moment, in dem sie sich absolut hoffnungslos fühlen, ist ihr Urteilsvermögen mangelhaft. In so einem Moment ist es deine Aufgabe, dein Urteilsvermögen zu benutzen und dafür zu sorgen, daß sie die Hilfe bekommen, die sie nötig haben. Was wie ein Mangel an Loyalität oder wie ein Vertrauensbruch aussehen kann, könnte sich am Ende doch als Geschenk eines Lebens herausstellen.

Manchmal mußt du einfach den Mut haben, kurzfristig das Kommando über das Leben eines anderen zu übernehmen. Nicht, indem du ihn für unmündig erklärst, ihn zwingst, etwas zu tun, was er absolut nicht will oder ihn in eine Richtung drängst, in die er nicht will, sondern indem du ihm Alternativen anbietest, mit denen er etwas anfangen kann. Indem du ihm also Türen öffnest, die er selbst verschlossen halten würde oder von denen er nicht einmal (mehr) wußte, daß sie sich öffnen können.

Sei dir im klaren, daß sich viele selbstmordgefährdete Menschen in einem schlechten körperlichen Zustand befinden, der unter anderem in Anspannung und schlechtem Schlaf begründet liegt, und daß sie oftmals auch zu müde und erschöpft sind, um noch irgend etwas zu wollen.

Aber aufgepaßt: Manchmal ist jemand über einen langen Zeitraum depressiv und lebensmüde gewesen, aber eines Tages scheint sich plötzlich über sie oder ihn eine Ruhe zu senken. Diese Verbesserung kann sehr trügerisch sein.

Die Ruhe kann bedeuten, daß der endgültige Entschluß zur Selbsttötung gefallen ist. Eine innere Ruhe entsteht: Bald ist alles vorbei. Erkläre dem anderen in einem solchen Fall ohne Umschweife deine Beunruhigung. Frage ihn einfach, ob er wirklich seinen Tod beschlossen hat. Und bitte um einen Aufschub. Wenn nicht für ihn, so doch für dich.

ES IST ENTSCHEIDEND, SICH BEWUSST ZU MACHEN: DER VORSATZ, EIN ENDE ZU MACHEN, IST BEINAHE IMMER ZEITLICH BEGRENZT. ER KANN MIT DER ZEIT VERSCHWINDEN.

Wenn es dir gelingt, den anderen zum Zuhören zu bringen, dann gibt er dir Zeit, oft *die* Zeit, die du brauchst, um etwas in die Wege zu leiten. Aber für die meisten (verzweifelten) Menschen gilt, daß sie erst dann zuhören können, wenn man ihnen zugehört hat.

Was du nicht oder doch tun solltest

- Unterschätze nicht die Heftigkeit der Gefühle des anderen. Versuche auch nicht, ihm (oder ihr) die Gefühle auszureden.
- Versuche nicht, ein Urteil abzugeben. Rede dem anderen auch keine Schuldgefühle ein. Das einzige, was du damit erreichst, ist, daß er sich noch verzweifelter fühlt. Das verschlimmert die Situation nur noch. Für depressive Menschen ist es schon schwierig genug, jemand anderem zu vertrauen. Auch, wenn dieser andere versucht, sie zu begreifen.
- Sei ehrlich. Versprich niemals, daß du mit niemandem darüber reden willst. Sage aber, daß du vertraulich mit den dir anvertrauten Informationen umgehen wirst.
- Laß den anderen nicht allein, solange keine guten Hilfsmaßnahmen getroffen sind.

Oft ist etwas geschehen, das die Krise ausgelöst hat: die Ablehnung in einer Liebesbeziehung, der Tod eines geliebten Menschen, eine drohende Scheidung, der (drohende) Verlust des Arbeitsplatzes. Es spielt keine Rolle, ob du die Reaktion des anderen übertrieben findest oder ob du die Probleme im Vergleich mit deinen eigenen unbedeutend findest. In so einem Moment geht es um die Gefühle desjenigen, der Selbstmord begehen will.

Von allen Gründen, Selbstmord zu begehen, ist emotionale Verlassenheit – der Verlust einer Liebesbeziehung oder das Gefühl, von anderen, denen man vertraut hatte, im Stich gelassen worden zu sein – der häufigste. Reagiere zunächst, indem du den Schmerz der Verlassenheit anerkennst, und versuche erst dann, eine andere Sicht- oder Denkweise anzubieten. Ein paar Beispiele: »Ich weiß, daß du das Gefühl hast, nicht ohne sie (ihn) leben zu können, aber du weißt, daß Menschen sich mehr als einmal verlieben können, daß sie verschiedene Menschen lieben können. Es ist nicht wahr, daß du dich ein für allemal in eine einzige Person verliebst. Es ist nicht ehrlich, jemand anderen zu zwingen, dich zu lieben. Das klappt übrigens auch nicht. Was würde geschehen, wenn jemand, den du nicht mehr liebst, dich zwingen würde, ihn weiterhin zu lieben? Versteh' mich nicht falsch, ich weiß, daß es schwierig ist, und daß du dich zu Recht enttäuscht und elend fühlst.«

Du kannst auch sagen: »Es wäre gut, wenn du dir einfach erlauben würdest zu weinen.« Oder: »Ich weiß, daß deine Eltern dich nicht richtig verstehen. Sie lieben dich, aber auf ihre Weise. Du darfst durchaus wütend oder traurig darüber sein. Das muß aber nicht heißen, daß du ihnen untreu wirst oder sie verrätst. Es soll aber heißen, daß sie nicht genau die Menschen sind, die du gerne gehabt hättest, und das tut weh.«

Versuche es bitte nicht mit Schuldgefühlen oder mit der religiösen Tour: »Wenn du mit deinem Leben Schluß machst, bürdest du allen ein riesengroßes Schuldgefühl auf, deinen Eltern, deiner Freundin (deinem Freund) und auch mir.«

Die Hauptsache ist, daß du den anderen ermutigst zu sprechen, sich zu äußern, sich dir anzuvertrauen, dir zuzuhören. Aber erzähle keine Lügen, so wie: »Sie (er) liebt dich wirklich.« Oder: »Alle mögen dich unheimlich gern.«

Versuche, auch wenn ihr über Probleme redet, zugleich noch andere Dinge zusammen zu tun. Bleibe solange wie möglich bei dem anderen. Triff eine deutliche, definitive Verabredung für das nächste Mal. Sage: »Ruf' mich an, wann du willst, und wenn es mitten in der Nacht ist.« Geht zusammen essen oder eine Tasse Kaffee trinken. Zusammen eine Mahlzeit einzunehmen, kann helfen, eine Depression aufzuhellen, und sei es nur für kurze Zeit. Geht zusammen spazieren oder tut etwas Ähnliches. Sitzt nicht ständig rauchend und trinkend herum, denn Alkohol und Stillsitzen lösen nur noch mehr depressive Gefühle aus. Treibt eventuell gemeinsam Sport oder geht zusammen joggen.

Aber verleite die betroffene Person nicht dazu, die Probleme »wegzulachen«. Geht nicht zusammen auf Parties oder an Orte, wo sich Menschen allein aus dem Grunde treffen, Spaß miteinander zu haben. (Die meisten depressiven Menschen werden davon nur noch depressiver.)

Versuche nicht, einfache oder schnelle Lösungen anzubieten oder alle Probleme auf einmal aus der Welt zu schaffen. Arbeite gemeinsam mit dem anderen an dem Problem. Stelle Fragen wie: »Ist dies das Schlimmste, was dir je passiert ist?« (Das kann nämlich tatsächlich der Fall sein.) Lasse ihn oder sie nicht ohne Kommentar den Tod verherrlichen (auch das ist eine Art Lüge): »Hör mal zu, mein Lieber, wenn du Schluß machst, ist es aus und vorbei. Nur die Zurückgebliebenen werden etwas fühlen.«

Denke daran und erkläre (bei Gelegenheit), daß beinahe jeder, der an Selbstmord denkt, selbst wenn er es ernst meint, das Gefühl oder die Hoffnung hat, im letzten Moment gerettet zu werden. Das ist überhaupt nichts ungewöhnliches. Aber das geschieht nicht immer, vielleicht stirbt er doch, oder der Versuch mißlingt und er endet zwar lebend, aber als Invalide.

Wenn sich euer Kontakt gut entwickelt, wage es auch, herausfordernde, erregende Gedanken zur Sprache zu bringen. Es ist überraschend, wieviel Erleichterung bereits eine (kleine) Veränderung der üblichen Reaktion hervorbringen kann. Was allerdings nicht klappt, ist, mit Vorwürfen, Rache oder Feindseligkeit zu arbeiten. Mache auf irgendeine Weise deutlich, daß dir am anderen etwas liegt, daß du besorgt bist. Jeder bedarf eines Menschen, der an ihn glaubt. Reagiere auf den Ruf nach Rache (bei vielen Selbstmordversuchen spielen Aggressionen gegen andere eine Rolle) mit Worten wie: »Hör' mal zu, es gibt nur eine wirklich gute Rache – so gut wie möglich zu leben.« Habe den Mut, in einem gewissen Moment etwas zu sagen wie:

Ich verstehe, daß dies das Schlimmste ist, was dir je passiert ist

Aber könnte daraus nicht auch etwas Gutes entstehen? Kannst du etwas daraus lernen, was dir in Zukunft zustatten kommt?

Sogar aus tragischen Ereignissen können wir lernen. Warum solltest du den Dämonen der Vergangenheit erlauben, dein heutiges Tun zu bestimmen?

Noch drei wichtige Überlegungen

1. Frage: Was tust du, wenn dir im Vertrauen erzählt wird, daß jemand, an dem dir liegt, Selbstmord begehen will? Sprichst du mit jemand anderem darüber? Die richtige Antwort lautet: ja.

Ermutige deine(n) selbstmordgefährdete(n) Freund(in) aber auch, darüber mit jemand anderem zu sprechen. Gib ihm oder ihr dieses Buch zu lesen. Versuche einen Weg zu finden, andere Menschen zu benachrichtigen, von denen du weißt, daß sie auf eine gute Weise Verbundenheit zeigen können.

2. Vergiß nicht, deinem (deiner) selbstmordgefährdeten Freund(in) zu erzählen, daß nicht jeder Sozialarbeiter/Therapeut für jeden gut ist: »Wenn du einen bestimmten Therapeuten nicht magst oder ihm nicht vertraust (und sei

es dein Hausarzt), ist es nur richtig, zu jemand anderem zu gehen. Es ist nichts Verkehrtes daran, wenn du den ersten besten Therapeuten, der zur Verfügung steht, nicht magst, egal, wie wichtig oder berühmt diese Person ist.«

3. Es kann passieren, trotz allem, was du und andere versucht haben, daß sich die (fragliche) Person nicht für das Leben hat entscheiden können. Eine Selbsttötung bedeutet für jeden, der zurückbleibt, eine gewaltige emotionale Aufgabe, die Monate, manchmal Jahre in Anspruch nimmt. Es stimmt nicht, daß diese Aufgabe immer schwerer ist als nach einem anderen Tod (durch Krankheit, Unfall, Mord), aber schwer ist sie in jedem Fall. Willst du dich von diesem Schlag erholen, wirst du trauern und dir selbst erlauben müssen, dies auf eine »normale« Weise zu tun. »Normal« heißt in diesem Zusammenhang, daß du ebenso lange, heftig und offen trauern darfst und es auch wagst, wie bei einer anderen Todesursache auch. Jeder, der von einem Selbstmord betroffen gewesen ist, hat ein Recht darauf, ob es nun deinen Partner, ein Kind, Vater oder Mutter oder »nur« Freund oder Freundin betraf.

Darum finde ich es ungesund, sogar diskriminierend, davon auszugehen, daß die Trauer nach einem Selbstmord etwas ganz anderes ist als nach anderen Todesarten. Ich finde es ebenfalls diskriminierend, dafür besondere Trauergruppen, Organisationen oder sonstige Einrichtungen zuständig zu erklären. Für manche Menschen ist Selbstmord ein »natürlicher« Tod, ob wir das nun gut finden oder nicht. Ebenso natürlich ist es, daß die Hinterbliebenen »normal« darum trauern. Wenn du mehr über diesen Trauerprozeß wissen willst, lies den Abschnitt *Der lange Abschied* im folgenden Kapitel.

Heute unglücklich, morgen ...?

Zum Schluß: Das Unglück von heute ist (manchmal) das Glück von morgen. Das Leben hat keinen Sinn. Es ist ein Fragebogen mit verschiedenen Antworten, bei dem du selbst den Sinn ankreuzen kannst, mit Hilfe deines Glaubens, deiner

Arbeit, deiner Beziehungen, deiner Kinder, deiner Gesundheit und so weiter. Worauf es ankommt, ist, zu wagen, etwas durchzustreichen, was nicht mehr zutrifft, und dann anzukreuzen, was du noch nicht ausprobiert hast.

Es gibt leider sehr viele Menschen, die schon von vornherein wissen, daß etwas, was sie noch nie probiert haben, nichts für sie ist. Ich treffe regelmäßig einsame Menschen, die genau wissen, daß die Aufgabe einer Kontaktanzeige doch nichts bringt. Ich treffe verzweifelte Menschen, die genau wissen, daß es für sie keinen Sinn hat, andere um Hilfe zu bitten. Ich treffe unglückliche Kinder, die genau wissen, daß doch nichts dabei herauskommt, wenn sie mit ihren Eltern sprechen. Ich treffe böse Eltern, die genau wissen, daß mit ihrem Kind doch nichts anzufangen ist. Ich treffe auch Menschen mit einem Minderwertigkeitskomplex, die genau wissen, daß bei all diesen anderen Menschen alles ganz wunderbar klappt. Aber ich treffe noch viel zu selten Menschen, die weise genug sind einzusehen, daß die Tragödie von heute das Glück von morgen sein kann, wie die folgende Geschichte verdeutlicht.

> Es war einmal ein armer alter Mann, dessen einziger Besitz ein prächtiger Schimmel war. Schon jahrelang hatten die Menschen aus seinem Dorf ihm dazu geraten, das Pferd zu verkaufen, da er eine Menge Geld dafür bekommen würde und selbst keinen Pfennig zum Leben hatte. Aber der Alte weigerte sich. »Das Pferd ist ein Teil meiner Familie, und seine Familie verkauft man nicht«, war stets seine Antwort.
>
> Eines Nachts verschwand das Pferd aus seinem Stall, und die Leute sagten: »Siehst du wohl, Alter, wärest du nur nicht so dumm gewesen und hättest das Tier verkauft. Nun hast du gar nichts mehr. Ein größeres Unglück hätte dir nicht zustoßen können.«
>
> Aber er alte Mann sagte: »Wer weiß, ob es ein Glück oder ein Unglück ist? Das einzige, was ich weiß, ist, daß das Pferd weg ist. Aber ob es ein Unglück ist? Wer kann schon über seine Nasenspitze hinaus sehen?«
>
> Einige Wochen später kam das Pferd nachts mit zwölf

anderen, wilden Pferden zurück in den Stall. Offensichtlich war es ausgebrochen, um seine Artgenossen zu suchen, hatte aber schließlich den Weg zu seinem Herrn zurückgefunden. Die Leute im Dorf sagten: »Alter, du hattest völlig recht. Es war überhaupt kein Unglück, daß das Tier ausgebrochen ist, sondern gerade ein Glück, denn nun bist du ein wohlhabender Mann.«

Aber der alte Mann antwortete: »Wer weiß, ob es ein Glück oder ein Unglück ist? Das einzige, was ich weiß, ist, daß das Tier mit zwölf anderen Pferden zurückgekommen ist. Aber ob es ein Glück ist...?«

Während der folgenden Tage und Wochen versuchte der Sohn des alten Mannes, die wilden Pferde zu zähmen, und stürzte dabei von einem rasenden Hengst. Durch den Fall wurden seine beiden Beine zerquetscht.

Die Menschen aus dem Dorf sagten: »Alter, es war tatsächlich nicht so ein Glück, daß dein Pferd mit den anderen zurückgekommen ist. Du hattest vollkommen recht, denn nun ist dein Sohn ein Invalide, und ein größeres Unglück hätte dir kaum zustoßen können.«

Der alte Mann seufzte: »Wann hört ihr eigentlich endlich auf so zu tun, als ob ihr heute wüßtet, was morgen ist? Das einzige, was ich weiß, ist, daß mir heute ein Unglück geschehen ist, aber mehr weiß ich nicht.«

Einige Monate später brach in dem Land Krieg aus, und alle gesunden jungen Männer des Dorfes mußten zum Heer. Kein einziger kehrte lebend in das Dorf zurück. Und was sagten die Menschen, wenn sie dem alten Mann begegneten...?

6
Beziehungen: Himmel und Hölle

Allein auf der Welt

Eines Nachts wurde ich von meinem siebenjährigen Sohn geweckt. Dicke Tränen kullerten über seine Wangen, und er flüsterte, aus Respekt vor der späten Stunde: »Papa, ich hab' Angst.« Als ich ihn in sein Zimmer zurückbrachte, wurde klar, wovor er Angst hatte. Er hatte den Vorhang vor seinem Fenster aufgezogen, und da es eine helle Sommernacht war, konnte man die zahllosen Sterne am Himmel sehen. Einige Wochen zuvor hatte ich ihm erzählt, daß es ebenso viele Sterne und Planeten im Weltall gäbe wie Sandkörner auf den Stränden der Erde. Ich hatte ihm auch erzählt, daß die meisten dieser Himmelskörper größer seien als unsere Erde. An diesem Tag war er am Strand gewesen, war er zufrieden und vom Spielen müde ins Bett gegangen, aber nach ein paar Stunden aufgewacht. An den Sand am Strand und an meine Schätzung der Sternenmenge denkend, hatte er den Vorhang beiseite geschoben und hatte sich den Himmel angesehen, bis ihm schwindelig wurde. Das ehrfurchteinflößende Weltall hatte das Fassungsvermögen seines Gehirns überschwemmt und ein angsteinjagendes Gefühl von Nichtigkeit und Allein-Sein geweckt. Später, als ich ihn mit beruhigenden Worten wieder zum Schlafen gebracht hatte, begriff ich erst richtig, wie bemerkenswert der ganze Vorfall eigentlich war. Ein Kind wird von der überwältigenden Macht des Weltalls und seiner eigenen Verletzlichkeit darin überfallen. Aus Angst flüchtet es dann zu einem Erwachsenen, der in Wirklichkeit genauso machtlos, genauso nichtig ist wie das Kind selbst. Und doch gelingt es dem machtlosen Erwachsenen, dem Kind ein Gefühl von Schutz und Geborgenheit zu geben. Das gelingt natürlich nur, wenn der Erwachsene in den Augen des Kindes stark ge-

nug ist, um es vor den Bedrohungen und den Schrecken der Außenwelt zu beschützen. So erhält der Ältere in der Erlebniswelt des Kindes fast ebensoviel Macht wie das respekteinflößende Weltall selbst.

In der Psychologie wird dieser Prozeß, der sich immer und überall zwischen Kind und Eltern abspielt, »Übertragung« genannt. Das Kind überträgt Qualitäten, die es selbst nicht hat, so wie Macht, Kraft oder Intelligenz, auf die Eltern. Indem es sich an den starken Elternteil bindet – an das Weltall kann man sich nicht binden, denn das ist zu weit weg, zu groß, zu unpersönlich – und indem es den Älteren als eine Art Schutzwall zwischen sich und die Außenwelt stellt, schrumpft das abschreckende Weltall für das Kind zu einer kleinen, sicheren Welt, in der es unbesorgt sein kann. In diesem Sinne wird der Ältere für das Kind seine ganze Welt, genauso, wie das Haus, in dem das Kind wohnt, seine ganze Welt ist.

In dem Prozeß der Übertragung geschieht noch etwas anderes. Indem es sich an die Eltern bindet, sich an ihnen orientiert und sie imitiert, erwirbt das Kind für sein Gefühl etwas von deren Qualitäten. Es fühlt sich selbst stärker und sicherer, da es mächtige Eltern hat. Am Rockzipfel der Mutter hängend traut es sich, andere Kinder auszuschimpfen. Mit Vater oder Mutter unter den Zuschauern bringt es bessere Sport- oder Schulleistungen.

Aber aus diesem für jedes Kind notwendigen Prozeß der Übertragung entstehen auch eine Menge fundamentaler psychologischer Probleme, mit denen sich viele Menschen oft ein ganzes Leben lang herumschlagen. Da kein Mensch den Kräften des Universums gewachsen ist, macht das Kind in seinem Erleben den Erwachsenen viel mächtiger als dieser tatsächlich ist. Anders gesagt: Wir alle beginnen unser Leben, indem wir die Angst vor unserer Unbedeutendheit und Hilflosigkeit in dieser Welt – unsere existentielle oder Existenzangst – soweit wie möglich verbannen. Der Preis, den wir dafür zahlen müssen, ist der einer anderen Angst, nämlich der Angst, den oder die andern zu verlieren oder ihnen zu mißfallen. So kann es kommen, daß kleine Kinder wirklich zahllose Male am Tag kontrollieren, durch rufen oder nachsehen, ob der Erwachsene noch da ist. Daher kommt es auch, daß eine Trennung von den Eltern, zum Beispiel durch einen Krankenhausaufenthalt oder eine Ehescheidung, für ein kleines Kind eine äußerst traumatische Erfahrung sein kann.

Für jedes Kind aber ist der Verlust der Eltern als Bollwerk gegen die Bedrohung »der großen Welt« früher oder später unvermeidlich. In der Pubertät oder später entdecken wir, daß auch sie normale, verletzliche, fehlbare Menschen sind, und damit fällt die beschützende Wand weg, an die wir uns stets anlehnen konnten. Es droht die Gefahr, daß wir wieder frei, allein und ungeborgen in der Welt herumschweben, wobei von Zeit zu Zeit auch die Existenzangst in aller Heftigkeit zurückkehren kann. Die depressiven, ängstlichen Phasen vieler Jugendlicher, ihre manchmal plötzlichen Stimmungswechsel und ihre Beschäftigung mit dem Tod sind zu einem großen Teil Äußerungen dieses Phänomens. Um diesen Ängsten die Stirn zu bieten, suchen wir nach anderen Verhaltensweisen und nach anderen Personen, bis am Ende die Welt wieder so sehr zusammengeschrumpft ist, daß wir uns darin sicher und geborgen fühlen können. Daher auch die manchmal übertriebene, fast hysterisch anmutende Schwärmerei junger Menschen für Popstars, Sportidole, Altersgenossen und vor allen Dingen Liebesbeziehungen. Von (unbewußter) Angst vor dem Allein-auf-der-Welt-sein vorangetrieben, überträgt der Jugendliche dieselben Gefühle, die er für seine Eltern hatte, nun auf eine andere Person. Er macht zum Beispiel den Popstar oder die Freundin überlebensgroß, genauso, wie er es früher mit den Eltern tat, und er macht sich genauso abhängig. Daher rührt auch die Neigung, sich genauso zu kleiden und genauso zu benehmen wie sein Idol und sich daraus Sicherheit und Selbstsicherheit zu ziehen.

Ich finde es immer wieder erstaunlich, auf der Straße oder in Lokalen zu beobachten, um wieviel sicherer sich junge Menschen, »die jemand haben«, benehmen, als diejenigen ihrer Altersgenossen, die noch allein sind. Aber es ist genauso erstaunlich zu beobachten, wie junge Menschen, die schon früh eine(n) feste(n) Freund(in) haben, sich zusammen viel »älter« benehmen, als ihre alleinstehenden Artgenossen. Sie haben ihre Welt durch eine Übertragungsbeziehung verkleinert, die den Vorteil von Geborgenheit bietet (und damit weniger Angst), aber der Preis dafür ist der Verlust von Freiheit.

Daraus folgt, daß junge Menschen mit einem weniger ausgeprägten Ego oder einer weniger starken Persönlichkeit und mit mehr Angst eher dazu neigen, sich aus der Übertragungsbeziehung mit ihren Eltern in eine Beziehung mit einem Partner zu stürzen, und größere Schwierigkeiten mit dem Alleinsein haben werden. Das drohende Ende oder der Bruch einer Liebesbeziehung führt bei ihnen oft zu heftiger, überwältigender Angst, Depression und Gehetztsein, die erst wieder verschwinden, wenn diese Bedrohung vorbei oder eine neue Beziehung gefunden ist.

Dasselbe Verhaltensmuster können wir übrigens sehr wohl auch bei älteren Erwachsenen antreffen. Es gibt Menschen, die nur wenige Tage nach dem Tod ihres Partners bereits auf der Suche nach einem neuen sind. Und zwar nicht, wie die Nachbarn noch häufig hämisch meinen, weil sie »so auf Sex aus sind« oder weil sie ihren früheren Partner eigentlich nicht geliebt haben, sondern einzig und allein, weil ihre Angst, allein auf der Welt zu sein, einfach zu groß ist.

Aber wenn jemand anders zum wichtigsten Halt in deinem Leben wird, wenn ein Partner, ein Elternteil oder ein Kind dein »alles«, deine ganze Welt ist, dann ist die Beziehung eine Zeitbombe. Wie sehr wir jemand anders auch anbeten, früher oder später fällt auf ihn oder sie der Schatten der Unvollkommenheit und des Verfalls. Wenn eine Frau ihre Schönheit verliert oder wenn ein Elternteil oder Kind nicht so viel Kraft oder Zuverlässigkeit aufweist wie wir immer gedacht haben, dann wird das, was wir »über«-investiert haben, bedroht. Das ist der Grund für so viel Verbitterung, Vorwürfe und Reizbarkeit in Beziehungen. Früher oder später müssen wir den »angehimmelten« Partner oder »das auf Händen getragene« Kind wieder herunterholen.

Aber wenn wir das nicht allzu ängstlich und mit der nötigen Portion Selbstironie tun, steht der andere früher oder später wieder auf seinen Beinen, und wir können »einfach« gesund miteinander umgehen.

Wie bereits gesagt, sind die Beziehungen zu den Eltern meist unsere ersten Beziehungen, und sie bilden eine Blaupause, ein Grundschema für viele unserer späteren Beziehungen, auch mit unseren Kindern. Ihnen gegenüber »fallen wir oft zurück« in das Verhalten unserer Eltern in bezug auf uns. Was wir selbst als Jüngere oder als Erwachsene aus der Beziehung mit unseren Eltern machen, hat also einen großen Einfluß auf unser restliches Leben, auf unser Lebensglück oder den Mangel an Glück, auf die Gefahr von Depression oder Deprimiertheit. Aus diesem Grunde gehe ich zunächst auf die Beziehungen zwischen Kindern (ab dem zehnten Lebensjahr) und Eltern und erst danach auf partnerschaftliche Beziehungen ein.

Eltern-Kind-Beziehungen

Es gibt eine Menge Menschen, vor allem Eltern, die glauben, daß sie nicht das Recht haben, selbst zu bestimmen, wie sie mit den ihnen anvertrauten Kindern umgehen. Dieselben Eltern denken außerdem, daß niemand Regeln aufstellen kann, wie man den Umgang mit Kindern am besten angeht, und stellen also ihre eigenen Regeln auf (übrigens sind sie sich oft nicht einmal bewußt, welche das genau sind).

Obwohl Eltern unsicher sein können über ihre Erziehungsgrundsätze und untereinander verschiedene Meinungen haben können, kommt es nur selten vor, daß sie um Rat oder Beistand bitten, geschweige denn, daß sie jemand anderen bitten würden, ihre Regeln einer Kontrolle zu unterziehen. Wie verrückt es auch klingen mag, viele Eltern versorgen ihr Fahrzeug besser als ihre Kinder.

Dennoch können wir aus vorliegenden Untersuchungen eine Anzahl von Regeln für den Umgang zwischen Eltern und Kindern (im Teenageralter) ableiten, die allgemein (in vielen Ländern, bei den meisten Menschen) Zustimmung finden.

Regeln für Eltern

1. Respektiere die Privatsphäre deines Kindes.
2. Gib, wenn es nötig ist, Ratschläge oder Anleitungen, aber sei vor allem in deinem Verhalten ein Vorbild.
3. Zeige deinem Kind öffentlich deine Zuneigung.
4. Fördere die Ideen deines Kindes und ermutige es, eigene Ideen zu entwickeln.
5. Respektiere die eigene Meinung deines Kindes.
6. Gib ihm emotionale Unterstützung.
7. Mache keinen Sex mit deinem Kind.
8. Bewahre dir anvertraute Geheimnisse.
9. Beanspruche dein Kind nicht für dich allein, zumindest nicht in der Öffentlichkeit.
10. Behandle dein Kind wie eine Person, die Verantwortung tragen kann.
11. Empfinde mit den Erfolgen und Niederlagen deines Kindes.
12. Halt Augenkontakt mit deinem Kind, wenn du mit ihm sprichst.
13. Nenne dein Kind bei seinem (gewünschten) Vornamen.
14. Gib oder schicke ihm am Geburtstag Geschenke und Karten.
15. Ergreife Partei für dein Kind (in seiner Abwesenheit).
16. Sprich mit deinem Kind über Sex und Tod.
17. Sprich mit deinem Kind über Politik und Religion.
18. Erweise deinem Kind Respekt und verhalte dich selbst respektabel.
19. Bezahle Schulden, erwidere Komplimente und Gunstbezeugungen.
20. Kritisiere nicht die Freunde oder den Partner deines Kindes.

Es ist deutlich, daß sich eine Anzahl dieser Regeln in Wirklichkeit auf einen respektvollen, »anständigen« Umgang zwischen Menschen im Allgemeinen bezieht. Eltern stehen bei ihren Kindern immer vor der Aufgabe, diese als gleichwertige, selbständige Wesen zu betrachten, ob sie nun jung oder erwachsen sind. Als Personen also, auf deren Meinungen, Gefühle oder Benehmen man als Elternteil kein Recht geltend machen kann. Wünsche darf man natürlich schon haben. Es ist also, mit anderen Worten, nicht verboten, seinem Kind gegenüber Äußerungen wie diese zu machen: »Ich hätte es mir anders gewünscht, aber wenn dies deine Entscheidung ist, respektiere ich sie. Es geht darum, daß die Entscheidung für dich gut ist.«

Es kann sehr vernünftig sein, das eigene Verhalten gegenüber dem Kind anhand der genannten zwanzig Regeln gelegentlich zu überprüfen. Das hilft, wachsam zu bleiben, und damit sinkt auch die Wahrscheinlichkeit von Fehlern.

Wenn du als Kind diese Regeln liest, besteht das Risiko, daß du denkst: Ah, das werde ich den Alten aber unter die Nase reiben, denen werde ich zeigen, was sie alles falsch machen!

Falsch! Natürlich darfst du deine Eltern auf bestimmte Regeln hinweisen, wenn du selbst bereit bist, solche Regeln einzuhalten. Es ist jedoch ungerecht, von anderen etwas zu verlangen, was dir selbst nicht gelingt. Daher also die folgenden Regeln für Kinder:

Regeln für Kinder

1. Respektiere die Privatsphäre deiner Eltern. Schnüffle zum Beispiel nicht heimlich in ihren Sachen.
2. Behalte dir anvertraute Geheimnisse und Vertraulichkeiten für dich.
3. Mache keinen Sex mit deinen Eltern.
4. Laß deine Eltern an deinen Erfolgen teilhaben, erzähle ihnen auf jeden Fall davon.
5. Respektiere die Rechte deiner Eltern, was zum Beispiel Lärm betrifft, das Benutzen des Telefons, des Autos usw.
6. Sei höflich gegenüber deinen Eltern, vor allem in Gesellschaft.
7. Ergreife Partei für deine Eltern (wenn sie nicht dabei sind).
8. Verschicke Karten oder mache Geschenke an Geburtstagen oder zu anderen wichtigen Anlässen.

9. Halte Augenkontakt mit deinen Eltern, wenn du mit ihnen sprichst.
10. Sprich mit ihnen über Sex und Tod.
11. Sprich mit ihnen über Religion und Politik.
12. Bringe Freunde und Freundinnen mit nach Haus.
13. Bitte um persönliche Ratschläge oder Hinweise.
14. Bezahle Schulden, beantworte Komplimente und Gunstbezeugungen.
15. Informiere deine Eltern über deinen Terminkalender, wenn du noch bei ihnen wohnst.
16. Respektiere die Wertvorstellungen deiner Eltern, auch wenn du sie altmodisch findest.
17. Kritisiere deine Eltern nicht in der Öffentlichkeit.
18. Vertraue deinen Eltern persönliche, intime Dinge an.
19. Erzähl deinen Eltern von deinen persönlichen Gefühlen und Problemen.
20. Frage deine Eltern, wie sie bestimmte Dinge angehen würden, und akzeptiere ihre Herangehensweise, ohne unbedingt einverstanden damit zu sein.

Es gibt eine Regel, die für beide Parteien gilt und die noch nicht genannt ist, obwohl sie nicht gerade die unwichtigste ist, nämlich:

ÜBE IMMER NUR KRITIK AM VERHALTEN DES ANDEREN, NIEMALS ABER AN DER PERSON.

Sage also nicht zu deinem Kind: »Du hast noch nie zu etwas getaugt.« Und sage als Kind nicht zu deinen Eltern: »Ihr seid immer egozentrische Menschen gewesen.« Sage statt dessen: »Ich ärgere mich oft, wenn ihr auf diese Weise reagiert.« Oder: »Wenn ihr nicht fragt, wie ich mich dabei fühle, frage ich mich immer, ob euch das eigentlich interessiert.«

Aus Untersuchungen – unter anderem Untersuchungen, die ich vor kurzem zusammen mit Kollegen gemacht habe – geht hervor, daß die meisten Kinder (ungefähr neun von zehn) sagen, daß sie ihre Eltern lieben. Auch das Umgekehrte trifft zu: Neun von zehn Eltern lieben ihre Kinder. Daß dennoch oft vieles schiefläuft, verbunden mit viel Ärger und Kummer, ist also weniger die Folge von »Mißständen« als vielmehr die Folge von »Mißverständnissen«, vom Nicht-Begreifen, Nicht-Abstimmen und Nicht-Erklären der Regeln, die man im Umgang miteinander befolgt.

Das soll aber nicht heißen, daß nicht auch manchmal ganz wesentliche Dinge falsch laufen können. Daß es Grausamkeiten gibt, Eifersucht, Mangel an Zuwendung und Intimität (vor allem zwischen Eltern und ihren Söhnen) oder ernsthafte Störungen wie ein psychisches Leiden oder eine Scheidung. Solche Erfahrungen mit Eltern bilden oft den Grundstein für manchen späteren Lebensschmerz. Von daher müssen wir ausführlich darauf eingehen.

Wenn es nicht klappt zwischen dir und deinen Eltern

Es ist möglich, daß deine Eltern dich nicht begreifen. Es ist möglich, daß du »normaler« bist als sie. Es ist möglich, daß sie sich nicht sehr viel aus dir machen.

Aber in neunzig Prozent der Fälle mögen Eltern ihre Kinder, oder zumindest ein Elternteil tut das. Sie wissen allerdings nicht immer, was bei dir ankommt oder wie sie ihre Gefühle äußern sollen. Manchmal sind sie so beschäftigt mit ihrem eigenen Kram, daß sie dich einfach aus den Augen verlieren. Alle Eltern haben Zeiten, in denen sie ihre Kinder, ehrlich gesagt, nicht verstehen.

Wenn du das Gefühl hast, daß du nicht mit deinen Eltern reden kannst, oder wenn du sogar denkst, daß sie dich einfach nicht begreifen, ist es selbst dann noch wichtig, daß sie dir zuhören. Vielleicht mußt du etwas Besonderes tun, um ihre Aufmerksamkeit auf dich zu lenken. Gehe dann das Risiko ein, einem oder beiden Elternteilen zu erzählen, wie du dich fühlst. Halte nichts zurück. Es ist möglich, daß du keinen Erfolg damit hast. Aber dann hast du es auf jeden Fall versucht. Das heißt nicht, daß du nach einem Mal schon aufgeben mußt. Es können sich andere Gelegenheit ergeben.

Es kann passieren, daß du es ohne die Unterstützung deiner

Eltern schaffen mußt. Übe dann keine Rache. Früher oder später haben sie und hast auch du es oft nötig, daß du ihnen vergibst. Vergiß nicht, daß ein gutes Leben die beste »Rache« ist.

Wenn du nun nicht die Eltern hast, die du gern gehabt hättest, sorge dann bei deinen eigenen Kindern dafür, daß du der Vater oder die Mutter wirst, die du selbst gern gehabt hättest.

Das Schlimmste, was dir passieren kann, ist, daß du Eltern hast, die für diese Aufgabe absolut ungeeignet sind, die viel mehr Böses als Gutes anrichten, und das sogar manchmal mit Absicht. Glücklicherweise kommt das nicht häufig vor.

Vielleicht erkennst du dich in dem folgenden Abschnitt wieder. Auch wenn du es mit deinen Eltern nicht so schlecht getroffen hast, kann es nützlich sein, weiterzulesen. Und sei es nur, um zu sehen, wie (furchtbar) es sein kann.

Eltern, die Mord an der Seele begehen

Ein Junge reagierte in Anwesenheit seines Vaters, der nichts dabei fand, ihn durch das Zimmer zu prügeln, wenn er wütend war, absolut panisch. Seine Mutter wurde regelmäßig Zeugin dieses Verhaltens, nahm ihn aber nicht in Schutz. In der Schule wurde der Junge gehänselt, und seine Eltern sagten ihm, das sei seine eigene Schuld. Sie halfen ihm nicht und hatten ständig etwas an ihm auszusetzen.

Eines Tages am Strand wollte der Junge gern länger bleiben, um auf die Flut zu warten. Er hatte gelesen, daß sie um zwölf Uhr mittags kommen würde. Sein Vater wollte eher nach Hause gehen, um zu essen, aber statt den Jungen an die Hand zu nehmen und zu sagen: »Nein, wir müssen nun nach Hause gehen«, begann er, mit ihm zu streiten: »Die Flut kommt erst um halb zwei; weil der Wind gedreht hat, kommt sie später.«

Aber der Junge hielt dagegen: »Nein, Papa, sie kommt um zwölf. Siehst du, hier steht es«, und er zeigt ihm die Gezeitentabelle. Schließlich packte der Vater ihn und schleuderte ihn gegen einen Pfahl.

Jahre später sagte der Junge in einem Behandlungsge-

spräch: »Die Hand meines Vaters war da, um mich zu schlagen, nicht um mich zu führen. Er kann mich noch immer so klein machen, daß ich auf seinen Befehl hin buchstäblich vom Boden essen würde.«

Die Mutter desselben Jungen sagte bei einer anderen Gelegenheit, daß er ein Stück Kuchen haben dürfte, wenn er lieb sei. Aber es war dasselbe Stück Kuchen, das sein Vater beim Teetrinken am Tag zuvor nicht hatte haben wollen, während der Junge nichts bekommen hatte.

Auf diese und ähnliche Ereignisse zurückblickend, sagte er mit unterdrückter Wut, daß das, was seine Eltern taten, genauso war, als würden sie sagen: »Wenn du lieb bist, darfst du weiteratmen. Wenn du lieb bist, werden wir dich nicht ertränken.«

Eine junge Frau erzählte ihrem Psychologen, wie ihr Vater sie früher für das kleinste bißchen schlug, wobei er die Schläge laut zählte. Er benutzte dazu einen kostbaren, antiken Spazierstock, den er von seinem Vater geerbt hatte. Wenn er mit der Tracht Prügel fertig war und sie ihre Tränen fast nicht mehr zurückhalten konnte, befahl er ihr, zu ihm zu kommen, damit er sie in den Arm nehmen und trösten konnte. Sie fühlte sich jedesmal wieder schuldig, daß sie das nicht wollte.

Als sie dies ihrem Therapeuten erzählte, hatte sie noch immer das Gefühl, daß sie die Strafe wirklich verdient hatte und fühlt sich noch immer schuldig für die Tatsache, daß sie »ihren Vater nicht genug geliebt hatte«.

Was haben diese beiden Fälle miteinander gemeinsam? Bei beiden vermittelten die Eltern dem Kind zu Unrecht das Gefühl, daß bei ihm etwas nicht stimmte, daß es den Anforderungen nicht genüge, sie erniedrigten das Kind und mißhandelten es körperlich. Die Kinder gerieten dadurch in schreckliche Verwirrung: Was hatten sie falsch gemacht? Trotzdem mußten ihre Eltern recht haben. Es war wahrscheinlich doch ihre eigene Schuld. Eltern lieben ihre Kinder, und Kinder lieben ihre Eltern. So einfach ist das.

Gegenwärtig betrachten wir solche Fälle als Beispiele für »Mord an der Seele«. Das ist ein mehr oder weniger bewußter

Versuch von seiten der Eltern, bei ihrem Kind die Fähigkeit zur Liebe und zur Lust am Leben zu vernichten und das Kind daran zu hindern, ein stabiles Gefühl von Selbstvertrauen aufzubauen. Mord an der Seele ist eine ernste Form von Kindesmißhandlung, mindestens ebenso schlimm wie körperliche und sexuelle Mißhandlung, und tritt oft in Kombination mit diesen auf.

Das, was durch den Mord an der Seele mit den Kindern geschieht, ist so schrecklich, daß sie es nicht verarbeiten können und in einen Zustand von Betäubung und Verwirrung geraten. Sie werden zu einer Art mechanisch gehorchendem Automaten. Ihr Bedürfnis nach guten, lieben Eltern, die ihnen ihre Angst nehmen, ist so groß, daß sie sich zu ihrer eigenen Beruhigung die Wahnidee von guten, fürsorglichen Eltern schaffen. Sie können sich selbst weismachen, daß ihre Eltern sie zu ihrem eigenen Besten bestrafen und schlagen. In bestimmten Situationen, wenn sie meinen, etwas verkehrt gemacht zu haben, können sie sogar ausdrücklich darum bitten, bestraft zu werden.

Manche Kinder können, sogar wenn sie bereits erwachsen sind, noch die Illusion aufrechterhalten, daß all die Angst, all der Schmerz und Haß sich irgendwann einmal in Liebe verwandeln werden und daß dann also zwischen ihnen und ihren Eltern alles gut werden wird. Diese Illusion macht sie emotional sehr abhängig von den Eltern und führt dazu, daß sie Dinge schlucken, die wir normalerweise als Terror, Ausbeutung oder Erpressung bezeichnen würden. Ich bin regelmäßig »erwachsenen Kindern« begegnet, die wirklich nickten oder nicht widersprachen, wenn ihr alter Vater oder ihre alte Mutter Dinge sagten, die hinausliefen auf: »Zwei und zwei ist fünf.«

Während sich solche Kinder an der Idee der guten Eltern festklammern, versuchen die Eltern ihrerseits alles zu tun, um zu verhindern, daß das Kind sich von ihnen löst und sich zu einem selbständigen Individuum entwickelt. Sie betrachten das Kind als Teil ihrer selbst, was sich oft äußert in Bemerkungen wie: »Mir ist kalt, zieh deinen Pullover an.«

Manche Kinder identifizieren sich so stark mit ihren Eltern, daß sie deren aggressives und schädliches Verhalten übernehmen und sogar anderen gegenüber wiederholen.

Eine Frau, die in meinen Augen außerordentlich schlecht von ihren Eltern, namentlich ihrer Mutter, behandelt worden war, terrorisierte ihre eigenen Kinder oft mindestens genauso schlimm. Ihre eigene Schlußfolgerung war diese: »Jetzt, wo ich selbst Kinder habe, kann ich mir gut vorstellen, wie ich als Kind gewesen sein muß und warum meine Eltern mich so anpacken mußten.« Sie beschönigte also das Verhalten ihrer Eltern ihr gegenüber, indem sie sich weismachte, daß sie schlecht gewesen war und ihre Eltern nicht.

Einer der Gründe, warum Kinder so etwas tun, auch wenn sie schon erwachsen sind, ist *Angst*. Und zwar Angst vor der enormen Wut, die hochkommen würde, wenn sie den Schmerz, den Kummer und die Erniedrigung, die ihnen von den Eltern zugefügt wurden, wirklich zu sich durchdringen lassen würden. Typisch in dieser Hinsicht ist folgende Bemerkung: »Ach, warum sollte ich meinen Eltern all diese Dinge jetzt noch vorhalten? Das hat nun auch keinen Sinn mehr. Sie sind schon so alt, sie würden nicht wissen, wie ihnen geschieht.«

Ein erwachsener Mensch, der seinen (oder ihren) alten Eltern doch einmal die Meinung sagt, kann sich auch ganz bestimmt nicht auf die Unterstützung oder den Beifall von Brüdern oder Schwestern verlassen, sogar, wenn diese genauso schlecht oder noch schlechter behandelt wurden. Im Gegenteil, der Rest der Familie wird denjenigen, der so etwas tut, gerade heftig kritisieren und sich als eine Art Beschützer der Eltern hinstellen. Die Ruhe in der Familie kehrt meist erst wieder ein, wenn der »Dissident« sich wieder still verhält.

Viele Kinder sind unbewußt überzeugt davon, daß ihre Eltern es nicht überleben würden, wenn sie die Wahrheit über die wirklichen Gefühle ihrer Kinder erfahren würden. Von daher könnte es wirklich so sein, daß es eines der am besten bewahrten Geheimnisse unserer modernen Gesellschaft ist, »wie Kinder wirklich über ihre Eltern denken«.

In bestimmten Familien gibt es deshalb einen merkwürdigen Widerspruch. Auf der einen Seite gibt es die Eltern, die ihr Kind oder ihre Kinder körperlich und seelisch mißhandeln. Auf der anderen Seite muß jeder, Opfer und Eltern eingeschlossen, dies verleugnen und so tun, als ob die Eltern das Kind lieben, ihm helfen und nur das Beste wollen.

Vermutlich entstehen viele Übel unserer Gesellschaft durch diese Art der Erziehung. Denn Kinder lernen so, ihre eigenen Gefühle zu verleugnen oder zu verurteilen, und vor allen Dingen, niemals ihre Wut zu äußern. Wut wird gleichgesetzt mit einem Mangel an Respekt. Weil es die Pflicht von Kindern ist, ihre Eltern zu respektieren, können sie ihrer eigenen Ansicht nach nicht sowohl wütend als auch respektvoll gegenüber ihren Eltern sein. Aufgrund ihrer Abhängigkeit von den Eltern sammeln viele Kinder darum ihre Wut irgendwo im Innern an, um sie dann später in ihrem Leben gegen andere oder gegen sich selbst zu richten. Gegen andere in Form von Vandalismus, Haß gegen Minderheiten wie andere Rassen, Religionen, Homosexuelle oder Kinder, sowohl die eigenen als auch die anderer. Gegen sich selbst in Gestalt von Depressionen, Alkohol- oder Drogenmißbrauch.

Ziemlich viele Psychologen sind heutzutage der Meinung, daß unsere Gesellschaft vom Wesen her kinderfeindlich ist. Ich weiß noch nicht so genau, ob das richtig ist oder ob es heute schlimmer als früher ist. Aber ich finde es schon traurig, daß niemals ein (kirchlicher) Amtsträger aufgestanden ist, der es wichtig fand, ein elftes Gebot zu haben: »Du sollst deine Kinder ehren.«

Vielleicht sind deine Eltern eifersüchtig

Was bringt Eltern dazu, körperlich und seelisch grausam zu ihren Kindern zu sein? Eine Ursache dafür kann sein, daß das Elternteil geistig gestört ist, alkoholabhängig ist oder eine gestörte Persönlichkeit hat. Es kann auch sein, daß ein Elternteil so krankhaft eifersüchtig ist, daß er oder sie dem Kind ein glückliches, gutes Leben mißgönnt und versucht, dieses zu sabotieren.

Es hat Zeiten gegeben, in denen Menschen stolz darauf waren, älter zu werden und ein hohes Alter zu erreichen. Alter,

Weisheit und Autorität waren fast Synonyme. Heutzutage ist älter werden absolut nicht mehr »in«, und ich fürchte, daß es auch nie mehr »in« sein wird. »In« ist es, jung, gewandt, glatt und flexibel zu sein. Viele Menschen, die alt werden, schämen sich sogar für ihr Äußeres, wollen sich der Welt nicht einmal mehr zeigen. Man denke nur an den berühmten, aber vor allen Dingen alt gewordenen Filmstar Brigitte Bardot, der sich nun beinahe nie mehr in der Öffentlichkeit sehen läßt. Es ist also nicht so unbegreiflich, daß viele Ältere und also auch Eltern eifersüchtig auf die Jüngeren sind. Diese Eifersucht braucht nicht einmal ungesund zu sein, solange sie den Älteren dazu anregt, körperlich und geistig so jugendlich und flexibel wie möglich zu bleiben. Aber was geschieht, wenn ein Elternteil nicht so konstruktiv mit seiner Eifersucht umgeht? Vielleicht ist es das, was zwischen dir und deinen Eltern geschieht.

Eifersucht kennt viele Formen. An manche davon sind wir so gewöhnt, daß wir sie oft als gerecht oder sogar »gesund« betrachten. Zum Beispiel dann, wenn ein Partner, von dem wir viel halten, etwas zu intim mit jemand anderem umgeht. Aber es gibt auch viele Formen von Eifersucht, die wir niemals oder nur unter größten Anstrengungen zugeben würden, selbst wenn uns schon bewußt wäre, daß wir darunter leiden. Eine dieser Formen ist die Eifersucht, die älter werdende Menschen gegenüber Jüngeren hegen können. Es sind vor allem die jugendliche Vitalität, der junge, intakte Körper und die Tatsache, noch ein ganzes Leben mit allerlei Möglichkeiten vor sich zu haben, durch die Jüngere zum Gegenstand der Eifersucht von Älteren werden können. Die Eifersucht kann manchmal so heftig sein, daß das Verhalten eines älteren Menschen in starkem und oft bösartigem Maße dadurch bestimmt wird.

Ein Beispiel hierfür ist ein beinah fünfzigjähriger Mann, verheiratet und mit zwei Söhnen von sechzehn und achtzehn Jahren, der vor einiger Zeit bei mir um psychologische Hilfe bat. Der Auslöser dafür war ein bereits seit Monaten schwelender Streit zwischen ihm auf der einen und seiner Frau und dem ältesten Sohn auf der anderen Seite. Bei dem Streit ging es um das Mädchen, mit dem der Sohn seit zehn Monaten eine (feste) Beziehung hatte. Der Mann war absolut gegen diese Verbindung und bestand darauf, daß sein Sohn sie abbrechen sollte. Er hatte allerlei schwere Geschütze aufgefahren, wie die Weigerung, das Mädchen zu Hause zu empfangen, die finanzielle Unterstützung für das Studium seines Sohnes einzubehalten sowie niemals über sie zu sprechen. Was er gegen das übrigens hübsche Mädchen hatte, war, daß sie regelmäßig und manchmal nur spärlich bekleidet als Fotomodell arbeitete und er seinen Sohn für so eine Nutte zu gut fand. Der Junge war so verliebt, daß er trotz des Widerstandes seines Vaters an der Beziehung festhielt. Mit stillschweigendem Einverständnis seiner Mutter. Während einer der vielen Auseinandersetzungen über das Mädchen war die Mutter schließlich deutlich geworden und hatte gesagt, daß ihr Sohn das Recht habe, selbst zu beschließen, mit wem er umgehe. Der Mann hatte dies als Verrat seiner Frau an ihm gesehen, als ihre Entscheidung für den Sohn und gegen ihn. Er hatte daraufhin beschlossen, die Familie zu verlassen, und hatte sich ein möbliertes Zimmer genommen.

Er war zu mir gekommen, weil er in einer absoluten Sackgasse steckte. Nach Hause gehen und, für sein Gefühl, vor seiner Frau und seinem Sohn (und dessen Freundin) klein beigeben wollte er nicht. Aber er wollte ebensowenig endgültig weggehen und Frau und Sohn verlieren.

Eine der schmerzlichsten Einsichten, die dieser todunglückliche Mann erst nach vielem Schlucken in unseren Gesprächen offenbarte, war die Tatsache, daß er schrecklich eifersüchtig auf seinen Sohn war. »Ich kann es tatsächlich nur schwer verdauen, daß er so jung ist, wie er ist, ein vielversprechender Student, daß er gut aussieht und eine schöne junge Freundin hat, kurz, daß er noch alles vor sich hat, während ich im Leben nicht viel Besonderes zu erwarten habe. Wenn ich mit ihm auf der Straße gehe, gibt es kein Mädchen, das sich nach mir umdreht – nach ihm natürlich schon.«

Es gab selbst Momente, in denen er sich, während er im Spiegel seine Falten betrachtete, das makellose Gesicht seines Sohnes vor Augen rief. Und dann neidisch wurde. Allmählich begann er zu begreifen, daß er seine eigenen Frustrationen und die daraus folgenden Aggressionen gegen das, was das Leben ihm geboten – oder besser: vorenthalten – hatte, gegen seinen Sohn richtete, der überhaupt nichts damit zu tun hatte.

Danach holte er zu einem Kraftakt aus, für den ich ihn sehr bewunderte: Mit seinen neuen Einsichten gewappnet, sprach er mit seinem Sohn und im Anschluß daran auch mit seiner Frau. Lange Zeit später, als ich ihn einmal wieder traf, sagte er sehr richtig: »Ich beneide meinen Sohn noch immer, aber eifersüchtig bin ich nicht mehr auf ihn.«

Es gibt wenig Erkenntnis, wie man die elterliche Eifersucht auf Kinder vermeiden kann, und ebensowenig über die Einflüsse elterlicher Eifersucht auf die Familienbeziehungen. Meiner Meinung nach ist diese Eifersucht ein sehr unterschätztes Phänomen. Ein klassischer Fall ist die Eifersucht des Vaters auf den jungen Mann, der ihm seine Tochter wegnimmt. Und genauso klassisch ist die Eifersucht von Müttern auf die Frauen, die ihre Söhne becircen. Das Elend, das aus solchen Eifersuchtsgefühlen entsteht, hat wahrscheinlich den Anlaß zu den oft grinsend vorgetragenen Schwiegermutterwitzen gegeben.

Die Eifersucht, die Eltern im Hinblick auf die Jugend ihrer Kinder empfinden, ist kaum jemals beschrieben worden. Die wenigen Autoren, die sich doch an das Thema »Mütter und Töchter« und »Väter und Söhne« gewagt haben, machen deutlich, daß Eifersucht in diesen Beziehungen ein großes Problem sein kann. Manche Eltern enthalten zum Beispiel ihren Kindern aus Eifersucht Dinge vor, die Spaß machen (wie moderne Kleidung oder Parties) oder lassen ihre Kinder diese Dinge so schwer erreichen, daß viel von dem Spaß daran verloren geht.

Tatsächlich verbirgt sich Eifersucht oft hinter dem Hang, keinen einzigen Jungen oder Mädchen für das eigene Kind gut genug zu finden. Im Grunde genommen will der jeweilige Elternteil das Kind dann einfach nicht an jemand anders abtreten oder kann nicht ertragen, daß jemand anders den ersten Platz im Leben des Sohnes oder der Tochter einnimmt. Das unumstößliche Naturgesetz, daß Altes durch Neues ersetzt wird, ist für viele Menschen innerlich unerträglich. Das Beunruhigende daran ist, daß diese Unerträglichkeit durch das moderne Denken über Jugend und Alter verstärkt zu werden scheint.

Wenn Bewohner eines anderen Planeten mit dem unseren Bekanntschaft machen würden über unsere Reklamewände, Werbespots oder die Fotos aus Reiseführern, dann würden sie denken, daß der durchschnittliche Erdbewohner zwischen zwanzig und fünfundzwanzig Jahre alt ist und eine außergewöhnlich glatte Haut hat, die er nach dem Sport fortwährend eincremt. Die Außerirdischen würden bei weiterem Kontakt bestürzt feststellen, daß die meisten von uns älter sind, viel faltiger, aber daß wir uns tatsächlich wie die Idioten Creme ins Gesicht schmieren, um die Falten wegzubekommen. Alter wird so zu einer Art persönlichem Mangel, zu etwas, was man eigentlich nicht hinnehmen darf und das man zumindest so gut wie möglich zu verbergen hat.

Auf den ersten Blick scheint es verwunderlich, daß die meisten Älteren sich an dieser Diskriminierung ihrer selbst beteiligen. Erst recht, wenn man bedenkt, daß diese Diskriminierung noch andere einschneidende Folgen haben kann, wie zum Beispiel den Verlust des Arbeitsplatzes oder der Position einzig und allein aufgrund des Alters, ungeachtet der Vitalität oder der Leistungsfähigkeit. Die Verwunderung läßt nach, wenn wir feststellen, daß – wie aus verschiedenen Untersuchungen hervorgeht – das Selbstwertgefühl von Menschen im allgemeinen nach ihrem sechzigsten Lebensjahr abnimmt. Mit anderen Worten: alternde Menschen beginnen sich im Vergleich mit Jüngeren wirklich als weniger »wertvoll« zu erleben. Die Jüngeren scheinen die Älteren auch schon so zu behandeln. Es ist zu allen Zeiten so gewesen, daß Jugendlichkeit als begehrenswert angesehen wurde. Aber erst in unserer Zeit wird Alter als etwas Minderwertiges betrachtet. Dies ist die Basis für das gelbgrüne Gift, das wir Eifersucht nennen. Es steht zu hoffen, daß es bald eine Revolution der Älteren geben wird, in der die Kosmetikindustrie und die Werbeagenturen niedergebrannt und die Ketten des Jugendwahns zerrissen werden.

Ratschläge für Eltern

Wenn du dich als Elternteil in dem Kapitel über Eifersucht und Mord an der Seele zum Teil wiedererkennst, habe ich nur einen dringenden Ratschlag: Sprich einige Male mit einem Psychologen oder Psychiater. Vielleicht verraten dir deine Erkenntnisse und dessen Hinweise, was du tun kannst. In diesem Abschnitt zeige ich ein paar »Kniffe« für die Haltung, aus der heraus du die Regeln für den Umgang mit deinen Kindern in die Tat umsetzen kannst.

Die meisten Kinder schätzen es, wenn ihre Eltern es gut mit ihnen meinen, und im Grunde genommen ist das gute Verstehen mit den Eltern der beste Hinweis auf eine geistig gesunde Entwicklung.

Es überrascht nicht, daß das ungehorsame Betragen von Teenagern der wichtigste Streitpunkt zwischen ihnen und ihren Eltern ist. Diese betiteln den Ungehorsam oft auch als aufsässig, gehässig, undankbar oder verwöhnt.

Es ist wichtig zu wissen, daß Probleme von Jüngeren mit ihren Eltern sich selten nur um einen Punkt drehen; meist handelt es sich um eine Kombination von mehreren Dingen. Viele Eltern haben die Neigung, zu lange und zu viel zu reden (indem sie über eine bestimmte Sache jammern) und alle Geschichten auf einmal aus dem Sack zu holen (manchmal ganz alte), statt sich auf ein oder zwei aktuelle Probleme zu konzentrieren.

Ich will dies an einem Beispiel verdeutlichen. Stellen wir uns vor, daß das Problem ein Teenager ist, der abends (oder nachts) viel zu spät nach Hause kommt und sich nicht an die verabredete oder ihm vorgegebene Zeit hält. Nach dem wiederholten Versprechen, abends pünktlich zu Hause zu sein, kommt das liebe Töchterlein doch fast eine Stunde zu spät nach Hause, ohne zu klingeln. Die Eltern sind aufgeblieben, rasend vor Wut, daß das Versprechen wieder gebrochen worden ist, und voller Sorgen, was dem Kind zugestoßen sein könnte. Das Kind geht auf die Haustür zu, während es im Geiste die Lügen überdenkt, die es sich zur Erklärung des Zuspät-Kommens zurechtgelegt hat (Pech mit dem Auto eines

Freundes, ein nächtlicher Stau, eine plötzliche Fahrradpanne). Nachdem sie sich einen Abend lang gut mit ihren Freunden amüsiert hat, steigen allmählich Angst und Spannung des Mädchens vor der Konfrontation, die hinter der Tür auf sie wartet. Die Spannung der Eltern hinter der Tür steht schon kurz vor dem Zerreißen.

In dem Zusammentreffen, das stattfindet, sobald sich die Tür öffnet, kann es natürlich keine konstruktive Kommunikation geben. Die Wut der Eltern wird von dem Teenager aufgefaßt als: »Wir vertrauen dir nicht; du bist wirklich ein schreckliches Kind, daß du uns so verstörst und unsere Nerven so strapazierst.« Oft ist die Strafe, die folgt, viel schwerer als das Vergehen selbst. Wunderbar, wenn es mit dem Hausarrest klappt, aber meist ruft er noch mehr Uneinigkeit hervor.

Besser ist der einfache Satz: »Ich bin sehr enttäuscht, daß du dich nicht an dein Versprechen gehalten hast.« Gehe dann aus dem Zimmer. Du kannst sicher sein, daß dieser Satz ein Schuldgefühl bei dem Kind hervorruft. Bedenke wenn du mit einer langatmigen Schimpftirade beginnst, daß jedes Schuldgefühl, das ein Kind hat, in der Hitze eines Streites wegschmilzt.

Es ist nicht falsch, bei einem Teenager, der sich schlecht benommen hat, Schuldgefühle zu wecken. Die Auffassung, daß Schuldgefühle so weit wie möglich vermieden werden sollten, ist schlicht unsinnig. *Unbegründete Schuldgefühle*, mit denen jemand überschwemmt wird, sind natürlich nicht erwünscht. Aber ein *gesundes Schuldgefühl*, durch das jemand sich selbst unter die Lupe nimmt und (möglicherweise) eine Wiederholung des unerwünschten Verhaltens vermeidet, ist eine konstruktive Kraft.

Ich will an dieser Stelle meine Bedenken gegen körperliche Strafen, in welchem Zusammenhang auch immer, erklären. Sie führen nur zu noch mehr Wut, Entfernung und Abstand und verschlimmern den Konflikt höchstens. Es gibt nur wenige Dinge, die einen Jugendlichen so sehr zur Raserei bringen wie ein Schlag ins Gesicht. (Solltest du doch einmal in einem unbeherrschten Moment zuschlagen, vergiß nicht, dich dafür so schnell wie möglich zu entschuldigen.)

Eltern vergessen manchmal, daß Jüngere viel mehr aus gutem Beispiel lernen als aus Kritik und daß sie von ihren Eltern in ihrer Integrität, ihrer Privatsphäre und in ihrer Entschlußfähigkeit respektiert werden wollen. Aber vielleicht wollen sie vor allem Liebe und Zuneigung, damit sie diese Gefühle beantworten können, und Informationen, mit deren Hilfe sie selbst klüger werden können.

BRICH NIEMALS DIE KOMMUNIKATION MIT DEINEN KINDERN AB, WAS SIE AUCH TUN.

Wenn dich dein Kind doch ausschließt, klopfe leise an seine Tür, berühre es und sage etwas wie: »Du, ich liebe dich, ich möchte gerne mit dir sprechen«, (und wage auch, diese Worte nach der ersten Ablehnung zu wiederholen). Oder: »Ich möchte einfach ein wenig bei dir sitzen, weiter nichts. In Ordnung?« Oder: »Wenn du das Bedürfnis danach hast, kannst du mich einfach mal benutzen, um mich anzuschreien, zu weinen oder was auch immer.«

Laß dich nicht sofort abschrecken, wenn dein Kind sagt: »Geh weg.«

Warte nicht erst auf eine Krise, bevor du zu deinem Kind sagst: »Ich liebe dich.« Kinder, selbst wenn sie in der Pubertät sind, haben ab und zu das Bedürfnis, angefaßt oder geküßt zu werden (auch Jungen von ihren Vätern!), ohne daß es einen besonderen Grund dafür gibt (manchmal scheint es, als ob sie nichts davon halten, aber der Schein kann trügen). Laß das Kind merken: »Hör mal, wenn irgendwas passiert, wenn du einen Fehler oder einen falschen Schritt machst – egal, was es ist –, würde ich es gerne wissen wollen. Wenn du jemals in einer Krise steckst, stell mich bitte auf die Probe. Ich werde dich nicht fallen lassen. Ich werde dir helfen, und wenn ich es vergesse und nicht richtig reagiere, erinnere mich einfach daran.«

Wenn du deinen Kindern erzählst, daß niemals etwas aus ihnen werden wird oder daß sie dumm sind, kann es sehr gut geschehen, daß sie dir (tief in ihrem Herzen) glauben. Und sich tatsächlich dumm benehmen, unter anderem, indem sie dich nicht rechtzeitig einweihen, wenn irgend etwas schiefzugehen droht.

Denke daran, was die wesentlichen Verantwortlichkeiten von Eltern gegenüber ihren Kindern sind:
- sie zu lieben
- für sie zu sorgen
- ihr Selbstvertrauen zu wecken
- ihnen zu helfen, aus ihren Fehlern zu lernen.

Wenn dir das gelingt, können deine Kinder selbständige Menschen werden und Zuneigung und Liebe für dich empfinden.

Notabene: (Wahrscheinlich) meinen es alle Eltern, die dies lesen, gut, machen Fehler und lieben ihre Kinder. Was auch geschieht, sich selbst oder den Partner anklagen nützt wenig. In unserer Gesellschaft wird die Funktion von Eltern als dem allesbestimmenden Faktor der Entwicklung der Kinder maßlos übertrieben. Eltern sind natürlich wichtig, aber ebenso wichtig ist die Tatsache, daß Kinder von Geburt an unterschiedlich ängstlich, reizbar oder aufgeweckt sind. Die Schule, Altersgenossen und die Medien sind ebenfalls wichtige Einflüsse. Es hängt wirklich nicht alles von den Eltern ab, auch viele Probleme nicht.

Vor allem Mütter neigen dazu, sich für alles verantwortlich zu fühlen, was mit ihren Kindern geschieht. Übrigens bekommen sie auch am meisten Lob, wenn alles gutgeht.

Es gibt leider immer noch Mütter (und natürlich Väter), die meinen, an einer Tochter mehr zu haben als an einem Sohn. Mit einer Tochter kann man Einkäufe machen, Kleider ansehen/kaufen; man kann sich an sie wenden, wenn man Hilfe im Haushalt braucht. Töchter sind im allgemeinen – so denken viele Eltern – lieber, netter, vor allem auf die alten Tage der Eltern, und so sind diese dann oft lieber, zärtlicher zu ihren Töchtern als zu ihren Söhnen.

Diese Einstellung richtet schon sehr lange unglaublich viel emotionales Leid bei Jungen und Männern (und deren Partnerinnen und Kindern) an. Wenn auch du als Elternteil mit einem solchen Vorurteil behaftet bist, rate ich dir, den folgenden Abschnitt über Eltern und Söhne zu lesen.

Eltern und Söhne

Der berühmte amerikanische Schriftsteller Mark Twain, Autor von *Tom Sawyer* und *Huckleberry Finn*, hat angeblich einmal gesagt: »Als ich vierzehn war, wußten meine Eltern nichts. Als ich einundzwanzig war, war ich überrascht, wieviel die Alten in den letzten sieben Jahren hinzugelernt hatten.«

Um den Beginn der Pubertät herum setzt zwischen Eltern und ihren Söhnen oft ein Prozeß von Entfremdung oder sogar Distanzierung ein, der in späteren Jahren in Annäherung umschlagen kann, aber nicht muß. Die Distanzierung beginnt oft schleichend, so daß lange Zeit weder Eltern noch Kind merken, was genau dort geschieht. Langsam wird die Anzahl der Berührungen zwischen Eltern und Sohn weniger. Gab es früher noch einen Kuß oder eine zärtliche Geste beim Aufstehen oder Schlafengehen, beim In-die-Schule-Gehen oder einfach zwischendurch – während der Pubertätsjahre verschwindet die Intimität. Vor allem, leider, zwischen Vätern und Söhnen. Ungefähr bis zu seinem zehnten Lebensjahr ist es nichts Ungewöhnliches für einen Jungen und seine Eltern, sich Hand in Hand oder Arm in Arm in der Öffentlichkeit zu bewegen. Danach geschieht das nur noch mit den Töchtern. Söhne gehen alleine, wenn die Familie gemeinsam Einkäufe macht. Auch in anderer Hinsicht wird die Intimität weniger. Kamen Vater oder Mutter früher an das Bett ihres Sohnes, um in diesem kostbaren Moment vor dem Einschlafen einfach über dies und jenes zu reden – das eigene Leben oder die eigene Kindheit eingeschlossen –, so gibt es einen solchen Moment nun oft nicht mehr, nicht mehr abends, und ebensowenig tagsüber.

Es gibt Menschen, vor allem Eltern, die behaupten, daß diese Veränderung eintritt, weil Jungen als Heranwachsende und als Teenager weniger Bedürfnis danach haben. Das ist wahr, aber es ist nur ein sehr kleiner Teil der Wahrheit. Was das Bedürfnis nach Intimität und menschlicher Wärme betrifft, unterscheiden sich Jungen von Mädchen ebensowenig, wie sich Männer in dieser Hinsicht von Frauen unterscheiden. Es wird ihnen allerdings viel schwieriger gemacht, dieses Bedürfnis auf eine direkte und gesunde Art zu befriedigen.

Ein Freund erzählte mir einmal, daß er den schmerzhaftesten Moment seines Lebens an seinem Hochzeitstag erlebte. Als nach der Trauung die Familien der Braut und des Bräutigams zum Gratulieren kamen, wurde er von seinem Vater spontan geküßt. Der nächste in der Reihe war sein Schwiegervater. In einem Überschwang von Glück wollte er auch diesem einen Kuß geben. Der Schwiegervater, einen solch intimen Kontakt mit einem anderen Mann absolut nicht gewöhnt, drehte beschämt den Kopf weg und wich dem Kuß aus. Obwohl mein Freund sehr gut verstand, daß die Ursache für dieses Verhalten Gehemmtheit war, fühlte er sich doch tief gekränkt. Ein Gefühl, dessen Spuren sich noch Jahre später bemerkbar machten.

Zahllose junge und ältere Männer haben ähnlich schmerzhafte Erfahrungen mit ihren Vätern, Schwiegervätern oder anderen Männern, zu denen sie sich hingezogen fühlten, gemacht. Die Basis dafür liegt oft in der Art und Weise, wie Jungen erzogen werden: zu Hause, in der Schule und durch die Massenmedien.

John Bowlby, Begründer der psychologischen Forschung über Nähe und Verbundenheit zwischen Eltern und ihren Kindern, schrieb unlängst, daß das Risiko für Jungen als Heranwachsende und als Teenager, emotional vernachlässigt zu werden, viel größer sei als bei Mädchen. Viele der typischen Probleme mit »halbwüchsigen Jungen«, so wie asoziales Verhalten, kleine und nicht so kleine Kriminalität, Vandalismus, (Verkehrs-)Unfälle, Alkohol- und Drogenmißbrauch und Selbstmord finden seiner Meinung nach hier einen guten Nährboden. Dieser Nährboden wird oft schon bei der Geburt angelegt, wenn nicht davor. Es beginnt schon mit dem Tonfall, in dem der Arzt oder die Hebamme »Es ist ein Junge« oder »Es ist ein Mädchen« ausruft. Das setzt sich fort in den Farben der Kleidung und der Art der Geschenke für das Neugeborene.

In einer Studie über nicht weniger als hundert Kulturen fand der Psychologe Barry heraus, daß 87% der befragten Erwachsenen (Männer und Frauen) angeben, daß sie von Jungen im Vergleich zu Mädchen erwarten würden, daß diese im Leben mehr erreichen und daß sie selbständiger sein müßten. Die verschiedenen Erwartungen an Jungen und Mädchen spielen eine große Rolle für die Art und Weise, wie Männer Babys betrachten. Wenn einer willkürlich ausgewählten Gruppe von Männern ein Video über ein anderthalbjähriges Kind gezeigt wird und man ihnen erzählt, daß dieses Kind ein Mädchen ist, neigen sie dazu, das Baby als passiv, anschmiegsam und zart zu beschreiben. Wenn dieselben Aufnahmen einer anderen willkürlich ausgewählten Gruppe von Männern gezeigt werden, diesen aber erzählt wird, das Kind sei ein Junge, so beschreiben sie das Baby öfter als wachsam und aggressiv. Dies Beispiel verdeutlicht genau den Unterschied in den Erwartungen, die Väter an ihre Söhne und Töchter haben. Aus Interviews mit einer großen Anzahl von Vätern geht hervor, daß sie von ihren Töchtern erwarten (hoffen), daß sie verletzlich, hübsch und lieb sind. Von ihren Söhnen hingegen erwarten sie, daß sie selbstsicher, stark, selbständig und, wenn es geht, sportlich sind.

Entlarvend in dieser Hinsicht ist eine Untersuchung des Psychologen Rubin und seiner Mitarbeiter. Daraus geht hervor, daß die Weise, auf die Väter ihre Babys sehen, gänzlich von Erwartungen bestimmt wird. Väter, die ihre kleine Tochter betrachten, »sehen« sie als ungeschickter, weniger aufmerksam, weicher, zarter gebaut und weniger stark als Väter, die ihre kleinen Söhne betrachten. Umgekehrt ist es so, daß Väter, die ihre Söhne betrachten, diese als geschickter, aufmerksamer, zäher, gröber gebaut, kräftiger und härter »sehen« als Väter, die ihre Töchter betrachten.

In welchem Maße stimmt diese Betrachtungsweise mit der

Wirklichkeit überein? In der Untersuchung von Rubin gibt es überhaupt keine Übereinstimmung. Das Geburtsgewicht, die Größe und die Schnelligkeit der Reflexe nämlich waren bei allen Babys (Jungen und Mädchen) genau dieselben. Erwartungen werden zu sich selbst erfüllenden Prophezeiungen, wenn Eltern und andere Erwachsene, wie Erzieher oder Lehrer, Jungen oder Mädchen unterschiedlich behandeln. Eltern verhalten sich gegenüber ihren Söhnen weniger beschützend als gegenüber ihren Töchtern und senden damit implizit die Botschaft aus, daß sie besser daran tun, sich selbst zu retten. Die Komplimente, die sie ihren Söhnen machen, beziehen sich eher auf Kraft, Größe und Leistung und weniger auf Äußerliches und Umgangsformen.

Aus anderen Untersuchungen geht hervor, daß Mütter und auch Erzieherinnen im Kindergarten eher die Aggressionen von Jungen als die von Mädchen akzeptieren. Väter scheinen Prahlerei, Aggressivität und einen Hang zur Konkurrenz bei ihren Söhnen eher zu billigen als bei ihren Töchtern. Weiterhin akzeptieren Eltern bei ihren pubertierenden Söhnen eher solche Verhaltensweisen wie sich spät auf der Straße herumtreiben, Alkoholgenuß und sexuelle Kontakte als bei ihren Töchtern. Viele Eltern drängen außerdem ihre Söhne viel weniger als ihre Töchter, zu erzählen, »was sie gestern abend oder gestern nacht ausgefressen haben«. Nach dem Motto »der Junge geht sowieso seiner eigenen Wege« lassen sie den Jungen oft tatsächlich seines Weges gehen.

Das Schlimme ist, daß viele Jungen das auch tun, wenn sie sich einsam, traurig, depressiv, ängstlich und minderwertig fühlen. Sie sprechen darüber viel weniger mit anderen, drükken sich aber statt dessen um so mehr in kraftstrotzendem, aggressivem oder destruktivem Verhalten aus. Im Vergleich zu Mädchen verursachen heranwachsende Jungen im Straßenverkehr fünfmal so viele Unfälle unter Einfluß von Alkohol, sie sind sechsmal so oft betrunken, sind zehnmal häufiger beteiligt bei Zerstörungsakten, Brandstiftungen, Schlägereien oder bei Fußballkrawallen, sie setzen drei- bis viermal so oft ihrem Leben ein Ende. Eine der wichtigsten Ursachen dafür ist wahrscheinlich die Wahnvorstellung – von Eltern, anderen

Erwachsenen und sogar von Politikern –, daß Jungen von Natur aus aggressiver sind als Mädchen und daß man ihnen deshalb mehr Ventile geben muß, über die sie ihre Aggressionen ablassen können, wie z. B. über Sport, Spiele und eventuell vielleicht auch indirekt über gewalttätige Filme im Kino oder im Wohnzimmer. Die Beschäftigung mit der Aggressivität allerdings macht einen Menschen nicht weniger aggressiv; höchstens mehr.

Geben wir noch einmal Mark Twain das Wort: »Derselbe Stein, der zu einem Diamanten wird, wenn man ihn mit Zärtlichkeit bearbeitet, wird mit Gewalt in Trümmer geschlagen.«

Ratschläge für Kinder

Wie sollten sich Kinder verhalten, damit sie die zwanzig Regeln im Umgang mit ihren Eltern so oft wie möglich anwenden können? Es folgt eine (natürlich unvollständige) Antwort auf diese Frage. Dabei habe ich vor allem die Kinder im Auge, die noch bei ihren Eltern wohnen, aber viele Vorschläge gelten auch, wenn du alleine wohnst.

Eines der Dinge, mit denen Kinder große Schwierigkeiten haben, ist, zu erkennen, daß ihre Eltern im allgemeinen gute Menschen sind. Auch, wenn sie (etwas) altmodisch und konservativ sind. Meistens meinen sie es nicht böse, auch wenn das, was sie tun oder sagen, deiner Meinung nach völlig unbegründet ist. Für dich als Jugendliche(n) oder Erwachsene(n) können bestimmte Verbote oder Reaktionen als ein Zeichen von Feindseligkeit oder Tyrannei wirken, aus der Sicht deiner Eltern jedoch sind es meist Zeichen von Besorgtheit. Ob du das nun gut findest oder nicht, mit deinen Eltern auszukommen ist meist ein wichtiger Grundbestandteil in deiner Entwicklung zu einem gesunden Erwachsenen.

Leider sind jüngere Menschen in manchen Fällen gesünder und vernünftiger als ihre Eltern. In einem solchen Fall ist es für die jüngeren tatsächlich schwerer, als Erwachsene »ihren Weg zu gehen«, weil ihre Eltern ihnen meist nicht geben konnten, was sie als Kinder einfach gebraucht hätten. Denke auch mal über die folgende Behauptung nach: Menschen, die mit einem Elternteil (oder mit beiden) nicht gut auskommen, sind meist auch diejenigen, die kein positives Bild von sich selbst haben. Die folgenden Tips, die auf beinahe alle Eltern eine erstaunliche Wirkung haben, sind an alle Kinder gerichtet, die in der letzten Zeit schwerwiegende Probleme mit ihren Eltern hatten, und vor allen an diejenigen unter ihnen, die das Gefühl haben, daß ihre Eltern ihnen nicht zuhören.

- Gewöhne dir an (oder opfere dich, wenn du so willst), jede Woche mindestens einige Stunden mit deinen Eltern zu verbringen. Rede einfach mit ihnen, führe ernsthafte Gespräche oder setz dich mit ihnen gemeinsam vor den Fernseher, aber dann mußt du natürlich schon ab und zu etwas sagen (zum Beispiel während der Werbung).
- Frage deine Eltern (oder denjenigen der beiden, der außer Haus arbeitet) von Zeit zu Zeit: »Wie läuft es auf der Arbeit?« Antwortet er oder sie: »Gut«, dann sage: »Ich meine damit, daß du mir etwas über deine Arbeit oder deine Geschäfte erzählen sollst.«
- Frage deinen Vater oder deine Mutter in nicht allzu einschneidenden Dingen um Rat, so daß du ihren Vorschlägen ohne große Mühe folgen kannst.
- Experimentiere damit, ihnen nun einmal die Wahrheit zu erzählen, über Dinge in deinem Leben, in denen du nicht ehrlich gewesen bist. Wenn es nötig ist, beginne so damit: »Ich habe Angst, daß ihr ausflippt, wenn ich euch die Wahrheit erzähle.« Oder: »Wenn ich euch die Wahrheit sage, hört mir zuerst zu und redet dann mit mir darüber; aber bauscht es nicht gleich zu sonst was auf...«
- Räume, wenn du noch zu Hause wohnst, unerwartet dein Zimmer auf, ohne viel Aufhebens darum zu machen.
- Mache deinen Eltern von Zeit zu Zeit Komplimente über Dinge, die sie gut gemacht haben.

Eine andere Weise, das Verhältnis zu deinen Eltern zu verbessern, ist es, eine Höflichkeitskampagne zu beginnen. Das kann vor allem dann nützlich sein, wenn du etwas von ihnen willst (z. B. daß sie auf dein Kind aufpassen, oder wenn du so etwas Geringes wie ein Auto oder mehr Geld haben willst, oder mehr Freiheit beim Ausgehen; wenn es nur nicht die Zustimmung zu mehr Sex-Experimenten oder zu einem Motorrad ist, denn das jagt ihnen wirklich Angst ein). Versuche, höflich und zuvorkommend zu sein, ohne spöttisch oder sarkastisch zu klingen. Das kann am Anfang manchmal heißen: ein wenig so tun als ob. Aber auf die Dauer wird es echt. Es hilft, wenn du in den passenden Momenten Dinge sagst wie »Guten Morgen«, »Danke« oder »Entschuldigung, tut mir leid, ich wollte dich nicht aus der Fassung bringen.« Wenn es auch nur einigermaßen möglich ist, sage mindestens einmal pro Woche, ohne daß du darum gebeten wirst, so etwas wie: »Ich werde eben den Müll rausbringen.« Oder: »Kann ich irgend etwas für dich tun, ich habe gerade eine Stunde Zeit.«

Das Risiko besteht natürlich darin, daß deine Eltern ihren Ohren nicht trauen. Es kann sogar sein, daß du sie miteinander flüstern hörst, daß du bestimmt aus dem Gleis geraten oder nicht ganz in Ordnung bist. Ihre Reaktion kann zum Beispiel so aussehen: »Willst du etwas von uns?« Antworte dann höflich so etwas wie: »Natürlich. Ihr habt immer gesagt, daß ich dafür arbeiten muß, wenn ich etwas will, daher kommt das.« Sie könnten dich auch zum Beispiel fragen: »Stimmt irgend etwas mit dir nicht?« Oder: »Wie kommt es, daß es so lange gedauert hat, bevor du dich ein bißchen menschlich benimmst?« Deine Antwort: »Ich bin bisher nicht sonderlich zuvorkommend gewesen und versuche nun, ob ich damit vielleicht etwas weiter komme.« Experimentiere mit dieser Art Veränderungen mindestens einen Monat lang und betrachte dann in Ruhe, was sie dir gebracht haben. Wenn es tatsächlich geklappt hat und du in die Richtung gekommen bist, in die du wolltest, dann bitte ungefähr so (oder so ähnlich) darum: »Ich möchte gerne mit euch über etwas sprechen, aber laßt mich bitte erst ausreden, bevor ihr Nein sagt.«

Es kann sein, daß auch für dich das Leben ein wenig einfacher wird, wenn du höflich mit deinen Eltern umgehst, auch wenn du nicht genau das bekommst, was du willst. Höflichkeit ist übrigens nicht immer ein Mittel, um einander näher zu kommen; sie kann auch ein Mittel sein, um den Abstand zu wahren und gleichzeitig Dinge für dich selbst herauszufinden. Es ist deine eigene Entscheidung, ob du den Kontakt intimer gestalten oder ob du einen höflichen Abstand halten willst.

Das erscheint dir vielleicht alles gekünstelt, als eine Art Spiel, das du mit deinen Eltern spielst; aber es ist ein viel besseres Spiel, als einander für dumm zu verkaufen oder nur auf die feindselige Tour miteinander umzugehen. Eine Art »Erholungspause« also wenn es gerade schlecht zwischen dir und deinen Eltern läuft, und vielleicht der Beginn zu einem besseren Kontakt.

Scheidung

Scheidung bringt das Leben von Hunderttausenden von Kindern, ob sie nun zu Hause wohnen oder anderswo, durcheinander. Für ein Großteil von ihnen wird in der Folge die Situation, in der sie leben, besser. Leben mit einem Elternteil, der dich lieb hat, kann eine Erleichterung sein, wenn du jahrelang wenig anderes erlebt hast als miteinander streitende, kämpfende und manchmal sogar dich mißbrauchende Eltern.

Leider gibt es aber auch eine Anzahl Kinder aus »zerbrochenen« Familien, die aus vielerlei Gründen in sehr viel schlechtere Umstände geraten, wie zum Beispiel:
- das Gefühl, kein echtes »Zuhause« mehr zu haben
- materielle Verschlechterung
- eine Menge neuer Verantwortlichkeiten, um die sie sich nicht reißen und um die sie nicht gebeten haben
- das Vermissen des abwesenden Elternteils
- zwischen beiden Elternteilen stehen, und manchmal zur Entscheidung für den einen und gegen den anderen gezwungen sein
- Wut und das Gefühl, im Stich gelassen worden zu sein
- so große Angst und Besorgnis vor der (drohenden) Scheidung, daß die Leistungen in der Schule und Freundschaften mit Altersgenossen darunter leiden
- Schuldgefühle
- nicht wissen, was mit einem Stief-Elternteil anzufangen ist,

und das Gefühl, wenn eine Beziehung zu diesem entstehen sollte, nicht loyal gegenüber dem abwesenden Elternteil zu sein.

Wenn du ein oder mehrere oder auch ähnliche Probleme hast, gebe ich dir hier ein paar Ideen, über die du nachdenken kannst.

Zuallererst mache dir klar, DASS ES NICHT DEINE SCHULD IST. Wenn deine Eltern, aus welchen Gründen auch immer, beschließen, die Ehe zu beenden, ES IST NICHT DEINE SCHULD. Du bist nicht verantwortlich, selbst wenn du von deinen Eltern in einer bösen Anwandlung dessen beschuldigt wirst. Das Leben in dieser Periode kann schwierig sein. Du hast vielleicht das Gefühl, daß es nicht ehrlich ist. Du fühlst dich vielleicht niedergeschlagen, aber das alles sind doch keine Gründe, dich gleich doppelt zu strafen. Es ist schon schlimm genug, daß du nicht mehr so ein »Zuhause« hast oder so ein Familienleben, wie du es dir wünschen würdest, aber das ist bestimmt kein Grund, dich in der Schule oder auf der Arbeit hängen zu lassen, gemein zu sein zu den Menschen, die dich umgeben, oder Dinge zu tun, mit denen du nur dein eigenes Wohlbefinden beeinträchtigst (so wie rauchen, zu viel trinken oder Drogen nehmen).

Du mußt dir selbst, aus eigenem freien Willen, vornehmen, daß du eine schlechte Situation nicht noch viel schlimmer machst, indem du dir selbst noch mehr Schaden zufügst. Jetzt ist es mehr denn je an der Zeit, dich selbst zu schützen, nett zu dir zu sein, für dich selbst zu sorgen.

Versuche zumindest, höflich zu sein zu dem Eltern- oder Stiefelternteil (oder dem neuen Freund/der neuen Freundin deines Elternteils), den du nicht magst. Deine negative Haltung könnte sich in dem Maße verändern, in dem du mehr über diese Person und über das, was sie bewegt, erfährst. Ein bißchen Versöhnlichkeit deinerseits kann übrigens hilfreich sein.

Wie auch immer, in nicht allzu langer Zeit wirst du einen Arbeitsplatz haben oder ein Studium beginnen, auch wenn es dir jetzt auf der Schule noch meilenweit entfernt vorkommt. In nicht allzu langer Zeit wirst du deine eigenen Entscheidungen treffen, dein eigenes Leben leben, Beziehungen haben, vielleicht sogar eigene Kinder. Die einzige Art und Weise für dich, all diese Dinge gut zu tun, ist, nun schon zu beginnen, dich (einigermaßen) darauf vorzubereiten. Sorge dafür, daß du die Ausbildung erhältst, die du willst, daß du den Arbeitsplatz bekommen kannst, den du willst, daß du so mit anderen umgehen kannst, wie du willst.

Nimm dir vor, dich selbst zu üben im Ertragen von ärgerlichen, frustrierenden Dingen. Betreibe sozusagen ein »emotionales Fitneßtraining«, damit du stärker bist und deine Chancen ergreifen kannst, sobald sie sich bieten.

Das soll allerdings nicht heißen, daß dein Leben inzwischen nur aus Kummer und Qual bestehen muß. Ganz und gar nicht. Du kannst Freundschaften schließen, Beziehungen aufbauen. Versuche auf jeden Fall, einen guten intimen Freund oder eine Freundin zu gewinnen. Du brauchst jemand anderen, mit dem du vertraut umgehen kannst. Entwickle Interesse für mindestens eine Sache oder eine Aktivität, mit der du dich leidenschaftlich beschäftigen kannst (Sport, ein Hobby, Computer, ein Verein, Politik oder sogar Religion). Hilf zumindest einer anderen Person, die noch verletzbarer ist, der es noch elender geht als dir selbst. Investiere einen Teil deiner Energie in eine »gute« Sache außerhalb deiner Selbst. Indem du außerhalb deiner eigenen, (vielleicht wirklich jämmerlichen) Situation hilfsbereit die Ärmel hochkrempelst, kannst du eine Quelle des Trostes für andere sein, und, so verrückt es klingt, eine Quelle der Inspiration für dich selbst. Dein Leben bedeutet auf jeden Fall mehr für dich selbst, je mehr du für andere bedeutest. Du bedeutest mehr für andere, je mehr du auf ihre Zeichen reagierst (ihre Probleme, ihre Nöte, ihre Fragen).

Freundschafts- und Partnerbeziehungen

Depressionen und Deprimiertheit sind oft die Reaktion auf einen Verlust von etwas, was dir lieb ist, an dem du hängst, mit dem du dich eins fühlst. Wenn du das, was du liebst, verlierst, verlierst du einen wesentlichen Teil deiner Selbst. Es wird etwas von dir losgerissen, und in dir selbst und in deinem Gefühlsleben entsteht eine tiefe Wunde. Du mußt trauern. Der Schmerz der Trauer ist die Deprimiertheit. Der Schmerz des Nicht-Trauern-Könnens (und also die Wunde nicht heilen zu können) ist die Depression. So sind in der ganzen Welt der Verlust einer Liebesbeziehung (oder das drohende Ende) und Depression und Deprimiertheit zwei Seiten derselben Medaille.

Warum laufen Beziehungen so oft schief? Ich werde zunächst erklären, daß viele von den Problemen, die wir in Beziehungen mit anderen haben, tatsächlich die Folge unserer eigenen Unzulänglichkeiten oder Eigenarten sind. Von den anderen erwarten oder fordern wir, was wir selbst nicht können oder wagen, und werfen ihnen dann vor, das nicht zu tun, was wir selbst auch nicht tun.

Danach werde ich darauf eingehen, was das eigentlich ist: Liebe. Meiner Auffassung nach ist Partnerliebe ein Dreieck aus Verbundenheit, Intimität und Leidenschaft, und keines dieser drei Elemente kommt oder bleibt, ohne daß wir uns dafür anstrengen müssen. Manchmal allerdings erweist sich die Anstrengung als nicht genug und die Beziehung zerbricht trotzdem. Oft fühlen wir uns dann so verletzt, verlassen oder sind in Panik (allein zurückzubleiben), daß wir uns aufs Geratewohl und in einer promiskuitiven Art und Weise auf andere stürzen. Das Ende vom Lied ist, daß die traurigen oder deprimierten Gefühle oft nur noch heftiger werden.

Um eine neue Beziehung aufbauen zu können, mußt du also wissen, welches die wichtigsten Bauweisen sind und wo sich die Fallstricke verbergen. Zwei der Schlüsselbegriffe sind Kommunikation und Macht. Auch darum geht es im folgenden. Wenn du die guten Regeln einer Partnerbeziehung begreifst, verstehst du auch den »Waschzettel« einer Partnerbeziehung, wie er nach wissenschaftlichen Untersuchungen von Paaren aus einer Vielzahl von Ländern bestätigt wird.

Die Regeln so gut wie möglich im Kopf zu behalten und zu befolgen gibt dir allerdings noch immer keine Sicherheit in Beziehungen. Aber denke daran, daß Sicherheit nichts anderes ist als ein flüchtiger Moment, eingeklemmt zwischen zwei großen Unsicherheiten. Heute noch scheint alles sicher, und morgen kann eine Krise in deiner Beziehung ausbrechen, zum Beispiel, weil du (oder dein[e] Partner[in]) selbst in eine Lebenskrise gerät.

Beziehungen sind Spiegel

Eines Tages fand ein Mann einen Spiegel am Wegesrand. Er hatte so etwas noch nie gesehen, wahrscheinlich hatte ein Reisender ihn unterwegs verloren. Der Mann sah in den Spiegel und sagte: »Mein Gott, das ist mein Vater! Der alte Betrüger hatte also ein Foto von sich. Das hat er gut vor uns versteckt gehalten.« Der Mann nahm den Spiegel mit nach Hause, zeigte ihn aber nicht seiner Frau, denn schon der kleinste Anlaß reichte aus, mit ihr in Streit zu geraten. Also versteckte er den Spiegel sofort. Seine Frau bemerkte schnell, daß er etwas im Schilde führte, und sobald er das Haus verlassen hatte, ging sie auf die Suche. Weil kein Mann irgend etwas verstecken kann, was seine Frau nicht finden würde, fand sie den Gegenstand in einer Schachtel unter seinen Kleidern. Sie sah in den Spiegel und sagte. »Mein Gott, und das in seinem Alter! Macht er noch Schweinkram mit jemand anders. Und dann noch mit so einer alten Frau, widerlich.«

Wenn du in einen Spiegel blickst, blickst du auf dich selbst. Aber von den zahllosen Spiegeln um uns herum erkennen wir meist nur die gläsernen Spiegel als solche an. Somit kritisieren wir völlig ungeniert alle möglichen Menschen um uns herum, ohne aber zu bemerken, daß wir in Wirklichkeit auch über uns sprechen. Wir spiegeln uns immer auch in anderen.

Eine Frau beklagte sich darüber, daß ihre studierende Tochter sie so selten besuchen kam. Auf meine Frage, ob denn das umgekehrte der Fall wäre, daß nämlich sie ihre Tochter besuchen ginge, reagierte sie recht empört mit den Worten, daß das etwas ganz anderes wäre. Aber inzwischen wohnte die Tochter bereits seit anderthalb Jahren nicht mehr zu Hause, und ihre Mutter hatte sie seit dem Tage ihres Auszuges nicht besucht.

In einem Supermarkt, in dem sie die elternfeindliche Angewohnheit haben, alle Süßigkeiten an der Kasse zu präsentieren, geriet ein Kind gänzlich aus der Fassung, als es seinen Willen nicht bekam. Woraufhin die Mutter ebenfalls die Fassung verlor, in völliger Verzweiflung rot anlief, das Kind heftig hin- und herschüttelte und dabei anschrie, es solle nun endlich einmal ruhig sein.

Ein Sohn mittleren Alters beklagte sich darüber, daß seine betagte Mutter stets ihre Kinder gegeneinander aufbrachte, indem sie hinter ihren Rücken dem einen negative Dinge über das andere erzählte. Meine Frage, ob er seiner Mutter gegenüber bereits einmal offen Kritik an deren Verhalten geübt habe, verneinte er.

Offensichtlich ist das Verhalten anderer in bezug auf uns oft die Widerspiegelung unseres Verhaltens in bezug auf sie, und umgekehrt. Aber wir lieben diese Wahrheit nicht. Denn sie beraubt uns der Rechtfertigung, einfach dem anderen die Schuld zu geben für das, was uns nicht gefällt. Die Welt wimmelt vor Menschen, die glauben, daß ihre Unzufriedenheit und ihre emotionalen Probleme sich auflösen würden, wenn ihre Partner, ihre Eltern, ihre Kinder, ihre Nachbarn sich nun endlich zum Guten hin verändern würden.

Viele Menschen sind stets auf der Suche nach Fehlern, Unzulänglichkeiten oder Eigenarten von anderen, mit denen sie ihre Unzufriedenheit in Beziehungen erklären können. Und so »entdecken« sie zum Beispiel, daß die wirkliche Ursache all ihrer Unzufriedenheit der letzten Jahre möglicherweise in ihrer (Ehe-)Beziehung lag. Sie beginnen, dem Käfig zu entfliehen und entdecken, daß es dort noch eine Welt gibt, voll der Versprechung von Erfahrungen, die sie sich bis jetzt dummerweise haben entgehen lassen. Bis sie eines Tages wieder in einem Käfig sitzen, zwar in einem anderen, aber eben doch, und aufs neue Unzufriedenheit spüren und aufs neue die Ursachen dafür außerhalb von sich selbst suchen. Und so sind zahllose Menschen ununterbrochen auf der Suche nach einer neuen, anderen Beziehung, in der Hoffnung, daß sie darin ein Gefühl von Zufriedenheit mit sich selbst, von Vollständigkeit finden. Die folgende jahrhundertealte Geschichte erklärt, wo du suchen mußt, um die (oder auf jeden Fall eine) Quelle der Unzufriedenheit mit dir selbst zu finden.

Eines Abends sahen die Menschen eine alte Frau auf der Straße direkt vor ihrem Haus nach etwas suchen. Sie sahen einander an und sagten: »Die arme alte Frau.« Und sie fragten sie: »Was ist geschehen? Wonach suchen Sie?« Die Frau antwortete: »Ich habe meine Nadel verloren.«

Sie begannen, ihr beim Suchen zu helfen. Dann kam jemand auf den Gedanken zu fragen: »Können Sie vielleicht sagen, wo genau die Nadel heruntergefallen ist, die Straße ist sehr lang, es wird bald dunkel, und eine Nadel ist klein.« Die Frau sagte: »Sie ist im Haus heruntergefallen.« Da sagten die Leute: »Sind Sie nun ganz und gar verrückt geworden? Wenn die Nadel im Haus heruntergefallen ist, warum suchen Sie dann hier?«

Die Frau antwortete: »Weil es hier hell ist. Im Haus ist kein Licht.«

Darauf sagte jemand: »Selbst wenn es hier hell ist, wie können wir die Nadel jemals finden, wenn Sie sie drinnen verloren haben? Die richtige Lösung ist, irgendwo im Haus Licht zu machen, so daß Sie die Nadel dort finden können.«

Da begann die Frau zu lachen: »Ihr seid so klug, wenn es um kleine Dinge geht. Wann werdet ihr diese Klugheit jemals bei euren eigenen Problemen benutzen? Jeden Tag sehe ich euch draußen suchen, und ich weiß sehr gut aus eigener Erfahrung, daß das, was ihr sucht, irgendwo drinnen verlorengegangen ist. Benutzt euren Verstand. Warum in der Außenwelt nach der Lösung eurer inneren Probleme suchen? Sind sie dort vielleicht entstanden?« Und damit verschwand die Frau in ihrem Haus.

Manchmal ist gerade das bei anderen Suchen der Grund, aus dem ein bestimmtes Problem bei dir bestehen bleibt. Eine Frau beklagte sich einmal, daß ihr Mann so unaufmerksam wäre. Als Beispiel für dieses Verhalten erzählte sie von einem Essen beim Chinesen mit einem anderen Ehepaar. Beim Betreten des Restaurants hatte der andere Mann seiner Frau zuvorkommend aus der Jacke geholfen, was ihr Mann bei ihr noch nie fertiggebracht hatte. Auf meine Frage, ob sie ihrem Mann jemals gesagt hatte, daß sie Wert auf solche Dinge legte, reagierte sie heftig: »Wenn ich ihn darum bitten muß, braucht er es nicht mehr zu tun. So etwas muß er einfach merken.«

Eines Abends saß sie zu Hause und hörte sich die Bandaufnahme unseres Gesprächs an, während ihr Mann im Wohnzimmer beim Fernsehen saß. Offensichtlich hatte er heimlich zugehört, denn als der bewußte Teil des Gesprächs vorbei war, kam er zu ihr und fragte: »Aber möchtest du denn gerne, daß ich das tue? Warum hast du mir das niemals gesagt?« Im folgenden Gespräch mit mir gab sie zu, daß es einfacher gewesen wäre, wenn sie dreißig Jahre eher damit begonnen hätte. Augenscheinlich wirft ein Spiegel nie mehr Licht zurück, als hineinfällt.

In seinem Tagebuch schreibt ein Junge von elf Jahren an seinen Vater folgendes: »Ich habe keinen Respekt vor dir, weil du mein Vater bist. Ich habe nur Respekt vor dir, wenn du Respekt verdienst. Ob du mein Vater bist oder nicht, das tut nichts zur Sache, darum geht es nicht. Ich liebe dich, wenn du lieb bist, wenn du auch liebst. Und merke dir, daß das nicht deshalb so ist, weil du mein Vater bist, sondern weil du ein Mann bist, den man lieben kann.«

Liebe ist nicht genug

Unsere Beziehungen zu anderen und die Probleme, die wir damit haben (übrigens auch die guten Dinge, die wir darin erfahren), sind offensichtlich Widerspiegelungen, Spiegel unserer eigenen Eigenarten und Verhaltensweisen, zumindest zu einem großen Teil. Es gibt leider eine Menge Menschen, die sich selbst vormachen, daß das einzige, worauf es in einer

Beziehung ankommt, Liebe ist. Solange man einander liebt, so folgern sie, ist alles in Ordnung. Sie haben eine verworrene, problematische Auffassung von dem, was Liebe ist.

Was soll das eigentlich heißen: »Liebhaben können«, und wie kommt es, daß bestimmte Menschen dazu nicht imstande zu sein scheinen? Bevor ich darauf eingehe, will ich zunächst damit beginnen, ein modisches Vorurteil auszuräumen. Daß Liebe keine Männerarbeit sein soll, wie es uns gegenwärtig einige chaotisch denkende Schriftsteller weismachen wollen, ist genauso richtig wie die Behauptung, daß Frauen nichts davon halten, zu arbeiten. Liebe ist genauso wie Arbeit ein Sortimentswort, das will sagen, daß sich hinter so einem Wort allerlei Sorten und Geschmäcker verbergen. Vielleicht sind Frauen für einige Sorten von Arbeit und Liebe geeigneter als Männer und umgekehrt, aber es gibt praktisch keine Sorte von Arbeit oder Liebe, für welche eines der beiden Geschlechter vollständig und für immer ungeeignet sein würde. Ich wüßte zumindest nicht, warum Vaterlandsliebe, Tierliebe, (Teddy)-bärenliebe, Kinderliebe, Partnerliebe, Elternliebe und was nicht noch alles eher eine weibliche als eine männliche Angelegenheit sein sollten.

Man kann natürlich behaupten, daß die echte Liebe, die Liebe, um die sich letztendlich alles dreht, die Partnerliebe ist, und daß Männer in dieser Hinsicht eine Katastrophe für ihre Frauen sind. Aber auch das ist im allgemeinen absoluter Unfug, womit ich nicht sagen will, daß diese Katastrophen in individuellen Fällen nicht tatsächlich auftreten.

Partnerliebe ist eine Form von Liebe, die in einem Menschenleben erst in einem relativ späten Stadium auftritt. Vorbereitet wird sie durch vorangehende Sorten von Liebe wie *Elternliebe* und *Freundschaft*. Es läßt sich nicht aufrechterhalten, daß Mädchen mehr als Jungen ihre Eltern, ihre Freunde oder ihre Freundinnen lieben. Der lange Anlauf hin zur Partnerliebe ist psychologisch gesehen übrigens nicht umsonst. Liebe ist ein komplexes Verhaltens- und Gefühlsmuster, das zum größten Teil erlernt werden muß. Dieses Lernen beginnt (oder sollte es tun) bei der Geburt oder vielleicht sogar schon davor.

Die Tatsache, daß du als Kind eine Mutter und einen Vater hast, an denen du hängst, ist ganz bestimmt keine Garantie für dein Vermögen, später andere Menschen liebhaben zu können. Bindung und Liebe sind zwei verschiedene Dinge. Wenn ein Entenküken aus dem Ei schlüpft und man in dem Moment auf irgendeine Weise die Aufmerksamkeit des Tieres auf sich zieht, besteht eine große Chance, daß es hinter einem herläuft, einen von diesem Augenblick an als Mutter »sieht« und das fortan auch beibehält. Diese Form der Bindung – Psychologen sprechen von Prägung – ist biologisch bestimmt.

Dieser Vorgang findet vermutlich bei Babys mehr oder weniger auf dieselbe Weise statt, und es ist in jeder Hinsicht vernünftiger, daß die Natur dies so eingerichtet hat, denn um zu überleben brauchen sowohl junge Tiere als auch Babys die Sicherheit und den Schutz eines Erwachsenen.

Hat ein Kind die Neigung entwickelt, die Nähe eines bestimmten Erwachsenen zu suchen und sich in dessen Anwesenheit sicher/er zu fühlen, spricht man von *Bindung*. Diese Bindung ist vor allem nötig, weil das Kind von dort aus allmählich die Welt und Beziehungen mit anderen Menschen erkennen und ausprobieren, aber stets zurückkommen kann, wenn es sich unsicher fühlt. Diese Bindungsbeziehung ist also in erster Linie nötig für das Kind, obwohl der Erwachsene natürlich auch die nötige Freude damit erleben kann.

Es ist sehr gut möglich, daß das Kind, wenn es erst einmal aufgewachsen ist und die Sicherheit und den Schutz eines Erwachsenen nicht mehr nötig hat, diese Bindungsbeziehung »aufkündigt« und, ohne sich noch einmal umzusehen, in die weite Welt hinauszieht. Es hat sich dann tatsächlich keine Liebesbeziehung zu den Erziehenden entwickelt, eine Erfahrung, die bei vielen Eltern im Lauf der Zeit zu einer großen Bitterkeit geführt hat. Das Kind kann auch als Erwachsene(r) andere Erwachsene auf dieselbe Weise behandeln, das heißt also, sich an sie binden und sie benutzen, ohne sie wirklich lieb zu haben.

Liebhaben bedeutet zumindest zwei Dinge. Zunächst einmal eine starke *Verbundenheit* mit dem anderen. Das heißt, daß uns das Wohl und Wehe eines anderen sehr am Herzen liegen und daß wir Dinge tun, weil wir das »Wehe« fernhalten und das »Wohl« fördern wollen.

Außerdem gehört zum Liebhaben *Intimität*, das heißt, das Ausdrücken von sehr persönlichen Gedanken und Gefühlen, sowohl positiven wie auch negativen, gegenüber jemand anderem mit oder ohne Worte, zum Beispiel mittels Berührung. Verbundenheit ohne Intimität zum Beispiel kann ein Chirurg empfinden, der bei einem Mitmenschen eine schwere Operation durchführen muß. Intimität ohne Verbundenheit sehen wir heutzutage häufig in sogenannten persönlichen Interviews im Fernsehen, bei denen Journalisten um zehn Uhr persönlich mit Herrn A reden und um elf Uhr genauso intim mit Frau Z sprechen. Eine feste Freundschaft, sei es nun mit einer Person des eigenen oder des anderen Geschlechts, ist eine Form von Liebe und besagt, daß wir sowohl eine starke Verbundenheit als auch eine große Vertraulichkeit auf verschiedenen Gebieten empfinden. Bei einer Partnerbeziehung kommt meist noch ein drittes Merkmal hinzu, nämlich körperliche Leidenschaft, starke *körperlich-sexuelle Gefühle* in bezug auf den (die) andere(n). Zwei Menschen, die einander sehr verbunden sind, die sehr intim miteinander sind und eine deutliche gegenseitige Leidenschaft erfahren, sind als Partner ineinander verliebt auf eine gut abgestimmte Weise (obwohl es natürlich nicht sicher ist, daß das immer so bleibt). Es kommt leider viel zu oft vor, daß eine Beziehung nur an einem statt an drei Fäden hängt und daß wir uns selbst etwas vormachen, wenn wir glauben, daß Leidenschaftlichkeit dasselbe ist wie Liebhaben.

Obwohl Frauen öfter Liebesromane lesen und Serien wie Dallas sehen, weiß man aus Untersuchungen, daß Männer öfter leidenschaftlich von einer Frau besessen sind als umgekehrt und nur aufgrund dieses Gefühls eine Beziehung oder eine Ehe vorschlagen. Aber solange die Verbundenheit und die emotionale Intimität fehlen, bleibt es äußerst riskant, eine solche Beziehung zu beginnen. Leidenschaft ist nun einmal ein egozentrisches Gefühl. Der leidenschaftlich-besessene Mann will die Frau eher »nehmen«, als daß er sich ihr geben will. Ein Portrait dieses Männertyps wird von Franz Kafka in seinem Roman *Der Prozess* mitleidslos gezeichnet: »Er ist noch immer das Kind, das von seiner Mutter abhängig ist, das alles von ihr erwartet und das sie benutzt und sie nach seiner Pfeife tanzen läßt. Seine größte Sorge ist, nett und hübsch zu sein, damit die Frauen ihm geben, was er braucht; seine größte Angst ist, daß sie böse werden und aufhören zu geben.«

Er fühlt sich also schon den Frauen verbunden, aber er kann sie nicht wirklich liebhaben. Kafka versetzt diesen Mann in den Stand des Angeklagten. Als der Mann am Ende des Prozesses seine Habsucht einsieht, sieht er zum erstenmal auch die Möglichkeit von Liebe und Freundschaft.

Das extremste Beispiel für diesen Typ Mann ist der Don Juan, der Berufsverführer, der zahllose gebrochene Herzen zurückläßt und eine Spur von Kummer und Depression hinter sich herzieht. Nach außen hin erscheint das zumindest so, während der Don Juan tatsächlich oft von seiner inneren Leere (ein wichtiges Kennzeichen der Depression) in seiner ewigen Suche nach der vollkommenen Frau weitergetrieben wird.

Obwohl wir das von uns selbst nicht glauben würden, schlummert in den meisten von uns ein Hang zum Don Juan, ganz sicher, wenn wir »zerrissen« und deprimiert vom Verlust einer Liebesbeziehung sind. Das gilt sowohl für Frauen als auch Männer. Indem wir dieser Neigung nachgehen, wird die innere Leere, die wir fühlen, meist nur noch vergrößert. Ich werde zu erklären versuchen, warum.

Die ewige Suche

Die Szene ist folgende. Auf einem Friedhof erzählt der Verführer Don Giovanni seinem Knecht Leporello ausgelassen von einem Abenteuer mit einer attraktiven jungen Frau. Die fragliche Frau ist Leporellos Braut, aber dieser ahnt in dem Moment nicht das geringste. Da beginnt plötzlich mit donnernder Stimme ein steinernes Bild, das sich auf einer benachbarten Grabplatte befindet, zu sprechen.

In dem Grab liegt der tote Körper eines Edelmannes, der nach einem Streit über die Verführung seiner Tochter von

Don Giovanni in einem Duell getötet wurde. Das steinerne Bild erteilt den Befehl, die Ruhe der Toten nicht durch solch schändliche Reden zu stören. Frech und unerschrocken lädt Don Giovanni das Bild ein, noch am selben Abend an einem Souper teilzunehmen.

Die Einladung wird angenommen, und tatsächlich erscheint der »steinerne Gast« am Tisch. Als Racheengel bietet er Don Giovanni mehrere Male die Möglichkeit, seinen schändlichen Lebenswandel zu bereuen und so sein Seelenheil zu retten, aber dieser weigert sich ein ums andere Mal. Daraufhin reißt der Boden auf, und Don Giovanni wird von aus der Hölle aufschießenden Flammen verschlungen.

Ergeht es Berufsverführern immer so schlecht, wie es Mozart in seiner Oper Don Giovanni (italienisch für Don Juan) suggeriert? Das scheint tatsächlich der Fall zu sein, soweit wir dies aus wissenschaftlichen Untersuchungen über Promiskuität (die Neigung zu vielen, oft oberflächlichen sexuellen Kontakten mit einer großen Anzahl Partnern) wissen. Männer und Frauen mit einem sexuellen Aktionsradius, der über die eigenen vier Wände hinausgeht, sind im allgemeinen bestimmt nicht glücklicher als die Daheimgebliebenen. Sie erleben in der Regel sowohl ihr Sexualleben als auch ihre Ehe oder ihre Partnerbeziehung als wenig befriedigend.

Es ist übrigens merkwürdig mit den Worten »promiskuitiv« und »Promiskuität«. Meistens werden sie nur für Frauen gebraucht und sind damit Überbleibsel der Doppelmoral. Nämlich frei nach dem Motto: Promiskuitive Frauen sind entweder schlecht oder bei ihnen stimmt etwas nicht, während das bei Männern etwas anderes ist. Viele Männer denken gerne an promiskuitive Frauen, sprechen oder machen Witze über sie. Wahrscheinlich hat das auf einige Männer, die nicht in der Lage sind, tiefgehende, intensive Bindungen einzugehen, einen beruhigenden Effekt. Die Beruhigung nämlich, daß sie irgendwann und irgendwo einmal eine willige Frau finden werden, die nur auf körperlichen Sex ohne irgendeine emotionale Verpflichtung aus ist.

Solche Frauen (und auch Männer) sind allerdings gar nicht

so einfach zu finden. Sex ohne irgendeine Beziehung ist eher die Ausnahme als die Regel. Doch wenn es so ist, hat das meist einen besonderen Grund. So wurde festgestellt, daß Frauen und Männer manchmal, je tiefer sie in eine Depression zu fallen drohen, sexuell aktiver werden, bis hin zur Promiskuität.

Ein äußerst merkwürdiges Beispiel schildert die Schriftstellerin Erica Jong. Ein hervorstechendes Thema ihres Bestsellers *Angst vorm Fliegen* ist die sexuelle Energie. Wie sie später in ihrem folgenden Roman, *Rette sich, wer kann* schrieb, war sie tatsächlich depressiv, als sie an *Angst vorm Fliegen* arbeitete. Die promiskuitive Explosion, die sie darin beschreibt, ereignete sich in einer Periode, in der sie sich im Stich gelassen, ungeliebt und verzweifelt fühlte. Wie sie erst später entdeckte, war der Grund die Tatsache, daß ihr Mann sich emotional in dieser Zeit immer weiter von ihr entfernte. Der einfache Grund dafür wiederum war, daß er insgeheim ein Verhältnis mit jemand anderem hatte. Etwas, worüber Erica, in vieler Augen die Schutzheilige der Promiskuität, außer sich geriet, als sie es herausgefunden hatte.

So wie Erica Jong ergeht es vielen Männern und Frauen. Sie beginnen sich in der Zeit verstärkt promiskuitiv zu verhalten, in der sie die Schmerzen verarbeiten, die sie durch den Bruch eines wirklich wichtigen emotionalen Bandes mit jemand anderem erlitten haben. Ein promiskuitives Verhalten ist ganz sicher eine kurzzeitige Anpassung an die Situation emotionaler Verlassenheit. Das erste Gefühl, das jemand, der/die verlassen worden ist, oft hat, ist eine Art dringendes Bedürfnis, so schnell wie möglich eine neue Beziehung zu haben, wie oberflächlich sie auch sein mag. Das Wartenmüssen für eine unbestimmte Zeit, bis sich eine »ernsthafte« Möglichkeit bietet, ruft oft ein starkes Gefühl von Angst, Unruhe und Selbstmitleid hervor. Außerdem ist das schnelle Anknüpfen neuer Beziehungen eine Möglichkeit, die eigene Anziehungskraft erneut bestätigt zu bekommen. Das Bedürfnis nach einer Selbstbestätigung kann groß sein, erst recht, wenn sich der Bruch auf eine demütigende, abweisende Art vollzogen hat.

Promiskuität kann zugleich dazu dienen, vor allen Dingen bei Frauen, den Ärger oder die Wut gegenüber dem anderen

Geschlecht zu äußern. In einer solchen Situation ist die Frau (oder der Mann) einzig und allein zu einer Sache bereit: zu sexuellem Umgang. Dieser Sex, ohne Intimität, Zuneigung oder Liebe, reduziert den Partner auf einen menschlichen Wegwerfartikel. Den eigenen Körper anzubieten, zugleich aber die eigene Person zu verweigern, ist eine effektive Methode, den anderen zu demütigen und so etwas von der eigenen Wut loszuwerden.

Ein anderer Effekt der Promiskuität in einer solchen Situation ist auch, daß man weiterhin mit anderen aktiv am Leben teilnimmt, weiterhin Aufregung fühlt, wodurch Gefühle der Verlassenheit und der inneren Leere, wenn auch zeitlich begrenzt, weniger werden. Weil Beziehungen, wie kurz und flüchtig sie auch sein mögen, immer bestimmte Risiken und Probleme, auf jeden Fall aber Stoff zum Nachdenken mit sich bringen, helfen sie auch, die Aufmerksamkeit von den schmerzlichen und vielleicht überwältigenden Gefühlen, die im Inneren schlummern, abzulenken.

Wenn Beziehungen beendet werden, sind die unmittelbaren Folgen Gefühle von Kummer und Trauer um den Verlust. Diese Gefühle können verschoben, aufgeschoben oder vielleicht sogar abgestellt werden, indem man sich in andere Beziehungen stürzt. Aber gerade dadurch geschieht etwas Paradoxes. Um den Verlust einer Beziehung zu verarbeiten und neue Beziehungen beginnen zu können, müssen wir die Trauer »verarbeiten«. Diejenigen, die das, zum Beispiel durch Promiskuität, vermeiden, machen es sich selbst unmöglich, von der alten Liebesbeziehung loszukommen. Auf diese Weise bleiben sie also an demjenigen, den sie »hassen«, weil er sie verlassen hat, kleben.

So kommt es, daß der promiskuitive Mann oder die promiskuitive Frau früher oder später (manchmal auch zu spät) auf einen Schlag wach werden. Denn was er oder sie eigentlich nicht aufgeben oder zurückhaben will, ist ja jemand anderes, der einem wirklich verbunden ist, der fürsorglich und umsorgend ist, der einen mag. In genau diesem Punkt zeigt sich eine Übereinstimmung zwischen periodischen und chronisch Promiskuitiven: Beide sind genauso aktiv – und genauso verzweifelt – auf der Suche nach einem fürsorglichen Gegenüber (manche Psychologen meinen, daß man hier für »Gegenüber« eigentlich »Eltern« einsetzen müßte). Diese Suche wird ebensosehr bestimmt von Angst (vor dem Nicht-Finden) wie durch Wut und Frustration (weil der andere nicht kommt).

Ein wesentlicher Teil der Wut vieler männlicher und weiblicher Don Juans ist eine Ansammlung von Dingen aus der Vergangenheit. Sie erwächst aus der Erfahrung oder dem Gedanken, in einer Lebensphase, in der man die Zuneigung so nötig gehabt hätte und in der man so hilflos und verletzlich war, nicht umsorgt und geliebt gewesen zu sein. Das heißt: in der Zeit, als man noch ein Kind war.

Die innere Wut und Frustration aus dieser Zeit wird im Erwachsenenalter in ein Verhaltensmuster umgesetzt, in dem es dem anderen unmöglich gemacht wird, Zuneigung zu verweigern oder zurückzuziehen. Die Beziehung wird einfach so oberflächlich gehalten oder ist so flüchtig, daß von irgendeiner emotionalen Bindung keine Rede sein kann. Da aber das Bild der/des vollkommenen Geliebten unausrottbar ist, muß Don Juan in immer neuen Beziehungen ewig auf der Suche nach seiner/m Prinzessin/Prinzen bleiben.

Liebe und Selbstliebe

Je länger ich lebe, desto klarer wird mir, wie unsagbar wichtig einige gute, intime Beziehungen für jeden von uns sind. Es gibt nichts, was uns glücklicher machen kann als eine heißblütige Liebesbeziehung, und nichts, was uns unglücklicher macht als deren Verlust. Vielleicht hat Gott, die Natur oder wer auch immer das gewesen ist, deshalb nur wenige Dinge im Leben so schwer gemacht, wie das Erhalten einer glücklichen Partnerbeziehung.

Ein Mensch wächst auf mit Träumen. Er hat eine Vorstellung von seiner Zukunft, seinem Leben, der Weise, in der er es führen will. Dann findet er eines Tages einen Partner..., der auch seine eigenen Träume hat, eigene Bilder und Erwartungen. Das erste Problem, das sich früher oder später ergibt, ist, daß ihre Träume und Erwartungen miteinander kollidieren: Sie sind nie genau dieselben. Sie können nicht dieselben sein, denn sie gehören zu zwei verschiedenen Menschen. Um den Frieden zu bewahren, die Beziehung zu erhalten, gibt es nur zwei Möglichkeiten:

- Der eine wird so übermächtig, so bedrohlich, daß der andere sich aus Angst unterwirft, zum Sklaven macht (das ist es, was mit Frauen so oft geschieht).
- Man erkennt die Situation und erweitert das Herz und den Geist so, daß dort Platz ist für die eigenen Träume, die Träume des Partners und für gemeinsame Träume.

Wenn der eine das Recht hat, seine Träume zu erfüllen oder ihnen nachzujagen, so hat der andere natürlich dasselbe Recht. Und wenn man einmal beschlossen hat, zusammenzuleben, ist es eine Art heilige Pflicht, dafür zu sorgen, daß man die Träume des anderen nicht mit Füßen tritt.

Nichts schmerzt mehr als ein Traum, der zusammenbricht, eine Hoffnung, die stirbt, ein dunkles Bild von der Zukunft. Es gibt nichts Verletzenderes als die Tatsache, daß all die großen Vorstellungen, nach denen du dir dein Leben einrichten wolltest, unmöglich gemacht werden, weil dieser Mann oder diese Frau andauernd deine Stimmung verdirbt, deine Ruhe stört, deine Ideale auseinandernimmt. Und wenn diese Dinge erst einmal zerstört sind, kannst du nicht mehr kreativ sein. Du kannst nur noch destruktiv, feindselig, gewalttätig sein.

Das, was das Leben an Glück, an innerem Frieden zu bieten hat, geht an den Menschen vorbei, die keine Zeit dafür haben, weil sie all ihre Zeit einem Kampf, einem fortwährenden Ringen mit jemand anderem opfern: ihrem Partner. Der andere füllt ihr ganzes Leben aus. Und dann vollzieht sich eine psychologische Katastrophe. Während des Kampfes mit dem anderen verlierst du dich vollständig aus den Augen. Langsam vergißt du dich selbst. Der andere wird zum absoluten Mittelpunkt, zum Ziel deines Lebens. Du vergißt, du verlierst dich selbst.

Viele Menschen tun ihr Leben lang nicht viel anderes, als mit ihrem Partner zu streiten oder an ihm herumzunörgeln.

Dadurch versäumen sie alle schönen Dinge, die das Leben zu bieten hat. Und doch würden sie sich Hand in Hand gegen eine Scheidung oder eine Beendigung der Beziehung wehren. Solange sie den anderen haben, und sei es auch nur streitend und unglücklich, haben sie zumindest etwas. Nur auf sich selbst angewiesen, haben sie für ihr Gefühl nichts.

Wenn wir »zu viel« mit dem anderen tun, streiten, kämpfen, ringen, tun wir in der Regel zu wenig mit uns selbst. Wir fechten dann nicht genug Dinge mit uns selbst aus, so daß unsere eigene Entwicklung stagniert.

Das gilt sogar für die Liebe. Wenn wir jemand zu sehr lieben, wenn wir uns vollkommen abhängig fühlen von der Liebe eines anderen, mangelt es uns für gewöhnlich an ausreichender Selbstliebe. Selbstliebe ist das Gefühl, daß wir auch ohne diese andere Person noch jemand Liebenswertes sind, immer noch jemand, dessen Leben die Mühe wert ist. Für den Leben »an sich« betrachtet die Mühe wert ist.

Kurzum, wer in seiner Beziehung mit dem anderen genau hinschaut, löst auch viele seiner eigenen Probleme. Genau aus dem Grunde sind Partnerprobleme immer so schmerzhaft, so allesbeherrschend. Denn es ist immer schmerzhaft für beide Seiten.

Lieben heißt Arbeiten

Intimität, Verbundenheit und Leidenschaft, die Bestandteile einer Liebesbeziehung, entstehen meist nicht »Hals über Kopf«, und wenn sie da sind, so gibt es sie niemals mit Garantieschein. Sie verlangen gute Pflege. Die meisten Beziehungen gehen nicht darum kaputt, weil diese Menschen nicht miteinander leben könnten, sondern weil sie die Voraussetzungen, unter denen sie zusammenleben könnten, nicht häufig und intensiv genug beachten.

Eine dieser Voraussetzungen ist das regelmäßige gemeinsame Gespräch über ganz normale, alltägliche Dinge und Erfahrungen. Für viele Paare, vor allem, wenn sie bereits lange Zeit zusammen sind, gilt, wenn sie miteinander sprechen, daß es dann hauptsächlich um Verantwortlichkeiten (Hypothek,

Kinder, Familienangehörige) oder Probleme, die sie miteinander haben, geht.

Meistens frage ich Paare, die mich konsultieren, wieviel Minuten in der Woche sie miteinander sprechend, »plaudernd«, »tratschend« verbringen, ohne daß es um Probleme geht, die noch gelöst werden müssen, oder um Kleinigkeiten, die noch zu erledigen sind. Mir geht es einfach um das Gespräch, wie du es mit einer/m guten Freund/in entspannt im Café führen würdest. Bei den meisten Paaren lassen sich diese Minuten wirklich an einer Hand abzählen. Und das ist ein beunruhigendes Zeichen. Ich werde erklären, warum.

Wenn zwei junge Menschen ineinander verliebt sind, kann man das unter anderem daran erkennen, daß sie soviel Zeit wie möglich gemeinsam verbringen. Eines der Dinge, die sie in dieser Zeit tun, ist, miteinander zu reden, einfach über dieses oder jenes zu plaudern. Oft sind das Dinge, die andere, zum Beispiel Eltern, so albern finden, daß sie sich über »das dämliche Getue« manchmal schwarz ärgern. Aber dieses Plaudern hat eine äußerst wichtige Funktion. Denn dadurch gräbt man tatsächlich die Kommunikationskanäle, über die in der Folge wichtigere Dinge, wie intime Gefühle oder Erfahrungen, an den anderen übermittelt werden.

Plaudern ist das warming-up für die schwierigere, die richtige Arbeit. Wenn man ohne diesen Schritt (oder das regelmäßige Gespräch) jedesmal sofort an die schwierigere Arbeit geht, ist das Risiko, verletzt zu werden oder Blessuren davonzutragen, groß.

Das ist einer der Gründe, warum ein Mann, der den ganzen Abend schweigend vor dem Fernseher gehockt hat und dann vor dem Schlafengehen »noch mal so richtig loslegen« will, nicht mit viel Enthusiasmus zu rechnen braucht und seine Frau sogar regelrecht verletzen kann, wenn er wirklich nicht locker läßt. Es ist auch der Grund dafür, daß Eltern, die normalerweise nie oder kaum mit ihrem Kind plaudern, auch nicht glauben sollten, daß sie »mal eben« ein Problem, das sie mit dem Kind haben, besprechen können.

Einem Paar, das schon seit Jahren keinen *small talk* miteinander führt, verschreibe ich nicht selten eine Cafédiät. Der

Mann ruft die Frau (oder umgekehrt) einmal in der Woche, ungefähr um elf, zu Hause oder auf der Arbeit an und lädt sie ein, in der Mittagspause einfach so mit ihm in ein bestimmtes Café zu gehen und gemütlich zu plaudern. Dabei ist es ausdrücklich verboten, über Probleme oder gegenseitige Verantwortlichkeiten zu sprechen. Beim erstenmal (oder den ersten Malen) kann es durchaus eine Weile dauern, bevor sie herausgefunden haben, worüber um Himmels willen sie miteinander sprechen sollen.

Für die Männer oder Frauen, die eine solche Diät absolut ablehnen: Denk daran, daß die Anziehungskraft einer/s neuen Freundes/in deines Partners oft gerade darauf beruht, daß man mit der neuen Flamme so wunderbar »problemlos« über alles mögliche sprechen kann (oder eben: plaudern).

Eine andere Voraussetzung für das Aufbauen oder das Erhalten einer befriedigenden Beziehung ist es, zu lernen, *gut* miteinander zu kommunizieren. Man wird gegenwärtig mit dem Wort »Kommunikation« förmlich überschwemmt, von Menschen, die nur behaupten, wie wichtig doch Kommunikationsfertigkeiten seien. Ich werde diesen Weg nun also nicht beschreiten, sondern erklären, wie und warum Gespräche zwischen Partnern schiefgehen können.

Beziehungs-Karate

»Gib mir mal die Butter.«

»Na, das kannst du wirklich auch etwas freundlicher sagen.«

»Du tust so, als ob du immer so höflich wärst.«

»Wenn's um Höflichkeit geht, solltest du lieber gleich den Mund halten.«

»Krieg ich nun die Butter oder nicht?«

»Von mir jedenfalls nicht, ich bin nicht dein Sklave.«

»Weißt du was, schmier die Butter doch in die Haare.«

(Daraufhin ißt der letzte Sprecher sein Brot ohne Butter und weigert sich für den Rest der Mahlzeit beleidigt, auch nur noch ein Wort zu sprechen.)

»Gib mir mal den Zucker.«

»Gern, aber ich möchte, daß du das etwas höflicher sagst.«

»Wie meinst du das?«

»Na ja, ›Gib mir mal den Zucker‹ ist nun nicht gerade ...«

»Okay, okay, kannst du mir bitte den Zucker geben?«

»Aber natürlich, hier hast du ihn.«

(Die Konversation wird mehr oder weniger spaßig für den Rest des Abends fortgesetzt.)

Der Unterschied zwischen diesen beiden Gesprächsfragmenten ist typisch für den kommunikativen Unterschied zwischen einer erfolgreichen oder glücklichen und einer unglücklichen oder starren Beziehung. Im ersten Fragment gehen beide Gesprächspartner sofort in die Verteidigungsstellung, sobald Kritik geübt wird. Im zweiten Fragment wird ein aufrichtiger Versuch unternommen, die Kritik zu begreifen und um Erklärung zu bitten.

Aus immer mehr Untersuchungen von Partnerbeziehungen wird deutlich, daß der Erfolg solcher Beziehungen in erster Linie von der Fähigkeit der Partner, miteinander zu kommunizieren, inklusive zu streiten, abhängt. Mit anderen Worten, Ehen mißglücken nicht, weil man zu jung geheiratet oder finanzielle Probleme hat, sondern weil die Partner nicht imstande oder nicht bereit sind, so miteinander umzugehen, daß sie dem Streß der Unerfahrenheit oder des Geldmangels die Stirn bieten können. Man kann sich natürlich fragen, ob sie das nicht tun oder nicht tun können, weil sie sowieso nicht gut zueinander passen. Daß also die schlechte Kommunikation eine Folge der verkehrten Partnerwahl ist und somit also nie etwas daraus werden kann. Das kann übrigens schon einmal vorkommen, aber Untersuchungen zeigen, daß sogar Menschen, die in vielerlei Hinsicht Gegenpole sind, in einer Beziehung sehr viel mehr Befriedigung finden können, wenn sie lernen, richtig miteinander zu kommunizieren. Es gibt konstruktive und destruktive Methoden, miteinander zu diskutieren oder zu zanken, und unglückliche Paare neigen dazu, den destruktiven Weg zu wählen.

Ein Beispiel. Ein Paar hat für den Sommer ein Haus in der Nähe des Strandes gemietet. Unter der Woche bleibt die Frau mit dem Auto, das der Mann sowieso nicht benötigt, im Urlaubsdomizil, während er am Wochenende mit dem Zug kommt. Eines Freitagabends kommt der Zug mit großer Verspätung an. Die Frau wartet mit dem Auto am Bahnhof. Er steigt ein, sie beugt sich über ihn, um ihm einen Kuß zu geben; er läßt sich pflichtgemäß küssen und reagiert nicht weiter darauf, und dann geht es los.

Der Mann, nennen wir ihn Bart, sagt: »Ich bin wirklich müde, Ans. Laß uns einfach irgendwo einen Hamburger holen und mit nach Hause nehmen.«

Ans, verletzt durch den Mangel an Zuneigung bei der Begrüßung, antwortet: »Immer willst du Hamburger, Bart. Ich habe in der Woche nicht viel ausgegeben, weil ich dachte, daß wir heute richtig schön essen gehen können.«

»Ich bin nicht in der Stimmung, richtig schön essen zu gehen. Guck mich an, ich bin nicht richtig angezogen und klebe vor Schweiß. Warum können wir nicht einfach irgendwo einen Hamburger holen?« Barts Irritation nimmt zu. Das Gesicht seiner Frau bekommt den Ausdruck, den es immer hat, wenn sie sich verletzt fühlt; Bart bemerkt es wohl, aber er ignoriert es.

»Nie willst du irgendwo hingehen, Bart«, sagte Ans, während sie kerzengerade hinter dem Steuer sitzt und starr geradeaus blickt. »Das einzige, was du willst, ist schnell essen, zum Stand, um kurz zu schwimmen, und ins Bett, um zu schlafen. Es ist jedes Wochenende dasselbe Lied. Allmählich habe ich es satt.«

»Du hast es allmählich satt?« fragt er mit erhobener Stimme. »Du sitzt hier die ganze Woche und machst schön Urlaub, oder irgendwelche Batikarbeiten, was weiß ich, während ich wie ein Blöder in der brütend heißen Stadt arbeite. Jetzt kommt es ganz dick. Das mindeste, was du tun könntest, ist, mir die Chance zu geben, ein wenig auszuruhen, wenn ich nach Hause komme.« Bei dem Wort »Batikarbeiten« wird seine Stimme höhnisch, und das Wort »ausruhen« unterstreicht er mit heftigen Gesten.

»Du kannst natürlich gerne so tun, als wenn du der einzige bist, der hier etwas macht, aber wer hält den Laden zu Hause sauber, wer sorgt dafür, daß die Kinder ordentlich in die Ferien fahren können, wer sitzt immer nur im Wartezimmer, bis der Herr mit seiner Arbeit fertig ist? Und übrigens mache ich keine Batikarbeiten, sondern Holzschnitzerei, und das ist für mich genauso wichtig wie deine Arbeit für dich, und sehr viel interessanter.«

»Sehr viel interessanter, was?«. Bart kocht nun vor Wut. »Du meinst also, daß es interessanter ist, blöd auf einem Stück Holz herumzuhacken und mißgestaltete Figuren zu machen, als ein Geschäft zu führen. Du hast dich noch nie auch nur einen Deut für meine Arbeit interessiert. Aber davon kommt das Brot ins Haus, Ans!« Bart schreit jetzt. »Davon! Und von nichts anderem.«

»Ich muß wirklich nicht mehr mit dir essen gehen, Bart«, sagt Ans mit einer lauten, flachen Stimme.

»Da bin ich aber froh«, sagt Bart, während Ans das Auto startet und sie in eisigem Schweigen ihrem Wochenende entgegenfahren.

Ein »Gespräch« wie dieses ist recht typisch für die Art und Weise, in der unglückliche Paare eine Meinungsverschiedenheit austragen. Es gibt ein ausgedehntes Sich-gegenseitig-beklagen. Es entsteht eine Kette negativer Reaktionen. Keine der Parteien ist bereit, diese zu durchbrechen. Der Mann weigert sich, auf die stillschweigenden Signale seiner Frau nach mehr Herzlichkeit und Zuneigung zu reagieren, und beide gehen aus dem Streit mit dem Gefühl hervor, daß der andere sie nicht begriffen hat.

Eine Situation wie diese wird durch das verursacht, was man Defensivität nennt. Jede Person ist allein mit der Verteidigung ihres eigenen Standpunktes beschäftigt. Ans beklagt, daß Bart nie etwas tun will, und Bart beklagt, daß Ans sein Bedürfnis nach Ruhe nicht begreift.

Sich-gegenseitig-beklagen gehört zum ersten von drei Stadien, die die meisten Streitgespräche bestimmen. Diese drei Stadien sind das *Aufbauen einer Tagesordnung* (was getan oder besprochen werden muß, wie in diesem Fall der Wunsch des einen auszuruhen und des anderen, essen zu gehen), dann die *Diskussion* und schließlich die *Verhandlung*.

Auch glückliche Paare jammern während des ersten Stadiums, aber sie stecken nicht so in ihren defensiven Haltungen fest, daß sie einander nicht zuhören und die Klagen des anderen akzeptieren können. Während Bart und Ans sich nur gegenseitig beklagen können, würden glücklichere Partner Dinge sagen wie: »Ja, ich sehe, daß du müde bist.« Oder: »Ich weiß, daß du gerne essen gehen willst.« Oder sie würden zustimmend nicken, ab und zu »mhm, mhm« oder »ja, ja« sagen, als Reaktion auf die Klagen des anderen.

Solche wörtlichen oder stillschweigenden gegenseitigen Anerkennungen heißen natürlich nicht, daß Ans nicht mehr gerne essen gehen oder Bart seinen Hamburger nicht mehr will. Aber auf jeden Fall lassen sie den anderen merken, daß ihm, jedenfalls mit ein wenig Mitgefühl, zugehört wird. Auf diese Weise entsteht eine beidseitig akzeptierte Tagesordnung, anstelle eines Streites darüber, was am Abend geschehen soll.

> Merke: Wer in einer Liebesbeziehung an die Macht kommen will, verliert die Liebe und oft auch noch die Beziehung. Merke auch: Wer durch den Einsatz von Macht eine Liebesbeziehung wiederherstellen will, hat bereits verloren.

Sehen wir uns einmal an, welche Katastrophen aus der Austragung eines Machtkampfes in einer Beziehung hervorgehen und wie letztendlich beide Partner einander vollkommen schachmatt setzen können. Und zwar so, daß viele Menschen selbst Jahre nach dem Abbruch der Beziehung noch feststekken können.

Gefühlsmäßige Ohnmacht

Ein Mann und eine Frau, die schon seit einiger Zeit geschieden sind, begegnen sich zufällig auf der Straße. Während er sie auf sich zukommen sieht, schießt ihm der Gedanke durch den Kopf, daß sie eigentlich sehr anziehend aussieht, und er sagt: »Ich würde es wirklich noch einmal mit dir versuchen wollen.« Sie sieht ihn verächtlich an und antwortet: »Nur über meine Leiche.« Woraufhin er reagiert: »So erkenne ich dich zumindest wieder. Im Vergleich zu früher hast du dich auf jeden Fall noch kein bißchen verändert.«

Ein Beispiel aus Tausenden. Gib zwei Menschen, die eine schwierige oder kranke Beziehung miteinander haben, zwei Minuten Zeit, und schon bricht der gewohnte Streit wieder los, auch wenn sie einander eine Ewigkeit nicht gesehen haben. Obwohl sich dieselben zwei Menschen im Umgang mit jemand anderem, zum Beispiel einem neuen Partner, mühelos sehr nett, zärtlich und lieb benehmen können.

Wie ist es möglich, daß Menschen in der einen Beziehung so furchtbar anders sein oder werden können als in der anderen? Haben wir es hier mit Schauspielern oder mit gespaltenen Persönlichkeiten zu tun? Die richtige Antwort ist in den meisten Fällen schon etwas komplizierter. Das Verhalten von zwei Menschen in einer Beziehung wird mindestens ebensosehr vom Charakter der Beziehung bestimmt wie vom Charakter der einzelnen Beteiligten selbst. Für eine Beziehung gilt nicht allein das simple »eins und eins ist zwei«; das Ganze ist oft etwas völlig anderes als die Summe der Persönlichkeiten.

Das wird deutlich, wenn wir bedenken, daß eines der wichtigsten Dinge, die die Qualität von Beziehungen bestimmen, Macht ist, und die Art und Weise, auf die die Macht ausgeübt wird. Macht ist nicht eine Eigenschaft einer Person (so wie blaue Augen oder große Füße), sondern die einer Beziehung. Ob du mächtig oder machtlos bist, hängt ebensosehr davon ab, mit wem du es in einer Beziehung zu tun hast, wie von deiner eigenen Persönlichkeit. Jemand, der aggressiv ist, kann sowohl einem kleinen Kind als auch einem Schwergewichtschampion Schläge androhen, aber in dem einen Fall ist seine Macht sehr viel größer als im anderen. Menschen benutzen Macht in Beziehungen dazu, jemand anderen dazu zu bringen, das zu tun, zu denken oder zu fühlen, was sie gerne wollen. Und wenn es irgend geht, möchten sie am liebsten alle drei Dinge gleichzeitig. Und genau dort liegt der Hase im Pfeffer. Durch Machtausübung können wir von jemand anderem manchmal gerade noch ein bestimmtes Verhalten erzwingen, aber mit Gefühlen und Gedanken ist das sehr viel schwieriger.

Ein Elternteil kann von einem Kind durch Strafen oder deren Androhung den Gehorsam erzwingen. Aber im Inneren kann es sich weiterhin sehr »ungehorsam« oder aufsässig fühlen. Ein Ehemann kann seine Frau durch physische Gewalt möglicherweise dazu zwingen, sich ihm körperlich hinzugeben. Wenn er aber auch will, daß sie ihn liebt, erreicht er mit seiner Gewalt meistens genau das Gegenteil, nämlich Angst, Wut und Haß. Die Frau, die einem Mann aus ihrer Ohnmacht heraus den Zugang zu ihrem Körper gewähren muß, kann ihm seine Brutalität zurückzahlen, indem sie ihm keinen Zugang zu ihrem Geist, zu ihrem Gefühl gewährt. Gedanken und Gefühle sind frei, und wer doch versucht, sie anzuketten, ist mit einer hoffnungs- und aussichtslosen Sache beschäftigt.

In vielen unglücklichen Beziehungen wird dies oft doch versucht, unter dem Motto: »Weil ich dich (noch) liebe, mußt du das auch (noch) tun.« Oder: »Du hast mich früher geliebt, also mußt du das jetzt auch noch tun.« In solchen Beziehungen ist ein Gespräch meist ein reiner Machtkampf, in dem der eine Partner versucht, dem anderen durch Vorwürfe, Anschuldigungen und Schuldgefühle ein bestimmtes Gefühl abzuzwingen, während der andere für sein Recht kämpft, sich so zu fühlen, wie er oder sie sich entschieden hat. Auf die vorwurfsvoll-verzweifelte Frage: »Warum konntest du das früher, fandest du mich damals anziehender, hast du mich damals wirklich geliebt?« ist kaum eine richtige Antwort möglich, denn: »Früher war es anders als heute.«

Eines der traurigsten Beispiele für diese Situation ist der klassische Fall des jungen Medizinstudenten, arm wie eine Kirchen-

maus, der eine Krankenschwester kennenlernt. Sie verlieben sich ineinander und heiraten. Sie arbeitet, er studiert. Zwanzig Jahre später: Er ist ein erfolgreicher Arzt, verdient viel Geld, und seine Frau ist überflüssig. Eine Scheidung bedeutet für beide etwas ganz anderes. Sie hat ihm geholfen, sein Studium zu bezahlen, und in der Zeit ihm zuliebe ihre Möglichkeit zu studieren aufgegeben. Wenn er sie verlassen will, fühlt sie sich für all ihre Mühe bitter betrogen. Sogar wenn sie bei der Scheidung finanziell gut wegkommt, ist es für ihr Gefühl doch eine große Blamage. Sie kann wieder als Krankenschwester arbeiten und sich von anderen Ärzten herumkommandieren lassen, aber sehr verlockend ist das natürlich nicht. Noch weniger lockt sie die Aussicht, allein leben zu müssen.

Hier liegt wahrscheinlich der größte Unterschied zwischen beiden: Der Mann hat eine schöne und junge Freundin. Während für die Frau die Scheidung Alleinsein bedeutet, erlebt der Mann einen zweiten Frühling mit einer neuen Frau. In dieser Hinsicht ist seine Macht viel größer als ihre. Sie ist (in einer Beziehung) abhängiger von ihm als er von ihr. Ein Gefühl der Machtlosigkeit ist die natürliche Folge. Was kann sie daran ändern? Wenn sie ihren Mann an einer Scheidung hindern will, muß sie also versuchen, an dieser Situation etwas zu ändern. Sie kann zum Beispiel versuchen, sich selbst einen Freund »zuzulegen« und damit aus ihrer abhängigen Position herauszukommen. Möglicherweise kann sie ihren Mann so eifersüchtig machen, seinen Stolz kränken und dadurch einen neuen Wert für ihn bekommen. Aber nach zwanzig Ehejahren ist die Leidenschaft oft etwas abgekühlt und damit auch die Bereitschaft, eifersüchtig zu werden.

Was die übrigen Unterschiede zwischen beiden angeht, sind ihre Möglichkeiten noch geringer: damit drohen, ihm soviel Geld wie möglich abspenstig zu machen, eventuell die Kinder von ihm fernzuhalten, das alles arbeitet meistens eher gegen als für sie. Der traurige Schluß, so scheint es, kann nichts anderes als eine Scheidung sein. In vielen Fällen ist das auch so. Aber nicht in allen.

Bei diesem Beispiel nehmen die Geschehnisse eine Wendung, die zeigt, wie sehr Macht das Leben einer Beziehung bestimmen kann. Die Frau fällt in eine tiefe Depression. Sie fühlt sich machtlos, hilflos, ohne Zukunftsperspektive, das Leben hat für sie keinen Sinn mehr.

Damit hat sie, ohne sich dessen bewußt zu sein, eine Machtstrategie gefunden, die die ganze Situation auf den Kopf stellt. Scheidung heißt für den Mann nun nicht mehr, daß er eine finanziell gut versorgte, gesunde Frau verläßt, sondern eine arme, kranke, hilfsbedürftige Patientin im Stich läßt, die ohne ihn vielleicht allem ein Ende setzt. Auch diejenigen Freunde oder Bekannten, die die neue Liebe des Mannes bis dahin als midlife-crisis oder als verständlichen Schritt gesehen haben, werden ihn nun als Unmenschen ansehen, wenn er seine Frau so ihrem Schicksal überläßt. Und das ist wahrscheinlich auch seine eigene Meinung. Seine Schuldgefühle würden zu groß werden, wenn er seine Frau auf diese Art und Weise zurückließe.

So ist eine paradoxe Situation entstanden. Die Macht der Frau liegt in ihrer Ohnmacht. Die drohende Scheidung hat sie depressiv gemacht, und die Depression verhindert die Scheidung. So ist auch ein Teufelskreis daraus geworden, eine Falle, aus der es kein leichtes Entkommen gibt. Geht es der Frau besser, steigt das Risiko, daß ihr Mann sie verläßt, und dadurch wird es ihr wieder schlechter gehen. Die Depression hat eine negative Seite (die Frau leidet darunter), aber auch eine positive (der Mann bleibt bei ihr). Es dürfte klar sein, daß der Mann und die Frau dieses Dilemma in den meisten Fällen nicht gemeinsam auflösen können, daß die Depression aller Wahrscheinlichkeit nach chronisch werden wird und daß nur Hilfe von außen den Bann möglicherweise brechen kann. Aber selbst dann dürfte es ein schweres Stück Arbeit werden.

Doch würde es ungerecht sein, die Frau als jemand zu sehen, die (ihn) manipuliert oder erpreßt. Die meisten von uns werden erzogen und indoktriniert mit dem Gedanken, daß sie nichts sind, wenn sie niemanden haben. Die begreifliche Folge davon ist, daß sie sich auch als Nichts fühlen, wenn sie niemanden haben. Es ist nicht leicht, sie erkennen zu lassen, daß es mit jemandem manchmal auch nichts ist.

Die Wunschliste für eine Partnerbeziehung

Jeder von uns trägt einen Wunschzettel in seinem Innersten. Eine Liste, auf der mehr oder weniger deutlich steht, wie wir das Verhalten von anderen uns gegenüber und unser Verhalten ihnen gegenüber gerne hätten. Oft sind wir uns nicht genau im klaren darüber, was alles auf unserem Wunschzettel steht, aber das hindert uns bestimmt nicht daran, zu fühlen, ob unsere Wünsche in einer Beziehung hinreichend befriedigt werden oder nicht.

Manche der Wünsche auf unserer Liste haben den Charakter von Regeln, von Vorschriften, wie andere oder wie wir selbst uns in einer Partnerbeziehung verhalten müssen. Andere Wünsche sind viel weniger strukturiert und haben die Gestalt von Idealen (»Irgendwann werde ich einmal mit ihm zusammen…«)

Einige Wünsche sind den Betroffenen gut bekannt; sowohl du als auch dein Partner sind darüber informiert (ihr habt sie ausgesprochen oder vielleicht sogar schriftlich festgelegt). Andere Wünsche aber können für deinen Partner unklar oder unbekannt sein, weil du nicht deutlich genug gewesen bist (oder umgekehrt).

Wenn man zu zweit ist, gibt es immer zwei Wunschzettel, und das Glück in einer Beziehung hängt davon ab, in welchem Maße die Wünsche beider Listen in der Beziehung befriedigt werden.

Was wir von einer Beziehung verlangen, kann sich mit der Zeit ändern, ebenso, wie wir jedes Jahr einen anderen Wunschzettel für den Weihnachtsmann schreiben.

DU MUSST IN EINER BEZIEHUNG IMMER ETWAS VERÄNDERN, UM ALLES – DEINE GLÜCKSGEFÜHLE – AUF DEMSELBEN NIVEAU ZU HALTEN.
EINE BEZIEHUNG VERÄNDERT SICH ZUM GLÜCKLICHEN, WENN DU UNTERSCHIEDE BESSER TOLERIERST UND ÜBEREINSTIMMUNGEN MEHR WÜRDIGST.

Der Gedanke, daß Mann und Frau eins sind, ist unsinnig (und das ist er schon immer gewesen). Partner sind eins, aber auch einzigartig und man sollte sich wünschen, daß jedes Paar sich einen Spiegel über das partnerliche Bett hängt, auf dem mit knallroter Farbe steht:

WIR SIND EINS, ABER AUCH EINZIGARTIG.

Wenn sie zusammen aus ihren Decken nach oben in den Spiegel blicken, können sie die Wahrheit sofort selbst feststellen.

Aus Untersuchungen ist inzwischen bekannt geworden, welchen Regeln eine Partnerbeziehung (nach Meinung der Partner selbst) auf jeden Fall genügen sollte. Regeln also, über die sich die Partner (in den meisten Fällen) einig sind, selbst, wenn sie noch nie explizit darüber gesprochen haben. Diese Regeln lassen sich zusammenfassen in der *Wunschliste für eine Partnerbeziehung.*

Regeln für eine Partnerbeziehung

- Gebt einander emotionale Unterstützung.
- Laß deinen Partner an deinen Erfolgen teilhaben, an den Dingen, die gut geklappt haben.
- Sei treu. (Treue allein ist nicht ausreichend. Dein Partner kann zugleich treu und verdammt langweilig sein).
- Schaffe eine häusliche Atmosphäre.
- Respektiere das Recht deines Partners auf eine Privatsphäre.
- Sprich deinen Partner mit dem Vornamen an (also nicht mit »Mutter«).
- Bewahre Geheimnisse und Vertraulichkeiten.
- Reserviere regelmäßig Zeit und Energie für sexuellen oder erotischen Umgang miteinander (sorge also dafür, daß dies nicht immer das Schlußlicht ist).
- Denke an Geburts- und Hochzeitstage und kaufe Geschenke (oder mache etwas anderes, aus dem eine spezielle Bedeutung hervorgeht).

- Verteidige deinen Partner in seiner/ihrer Abwesenheit.
- Sprich mit deinem Partner über Sex und Tod.
- Sprich mit deinem Partner über persönliche Probleme und Gefühle.
- Informiere deinen Partner über deinen Terminkalender.
- Sei tolerant (und höflich) gegenüber den Freunden des/der anderen.
- Kritisiert einander nicht in der Öffentlichkeit.
- Frage deinen Partner um Rat.
- Sprich mit deinem Partner über Religion und Politik.
- Sieh deinen Partner während des Gesprächs in die Augen.
- Sprich über (deine eigenen) finanziellen Angelegenheiten mit deinem Partner.
- Fasse deinen Partner bewußt an.
- Mache Scherze und Streiche (inklusive Neckereien) mit deinem Partner.
- Zeige deinem Partner deine Zuneigung, auch wenn andere dabei sind.
- Bitte deinen Partner um praktische Hilfe (bei irgendwelchen Arbeiten usw.).
- Laß deinen Partner sehen, wenn du ängstlich oder verstört bist.
- Zahle deine Schulden zurück, erwidere Komplimente und Gunstbezeugungen.

Spezielle Regeln für den Mann:
- Sorge für die Familie, wenn deine Partnerin krank ist.
- Zeige Interesse für die täglichen Aktivitäten deiner Partnerin.
- Verweise in einem Streit nicht auf die Mutter oder den Vater deiner Partnerin, »die auch immer so...«.

Spezielle Regeln für die Frau:
- Äußere deine Wut auf den Partner immer sofort.
- Nörgle nicht und mäkle nicht herum.
- Verweise in einem Streit nicht auf die Mutter oder den Vater deines Partners, »die es auch nie lassen konnten...«.

Nimm dir ab und zu allein oder gemeinsam mit deinem Partner die Zeit, eure Beziehung auf diese Regeln hin durchzugehen. Wähle Dinge aus, von denen du meinst, daß sie ganz und gar nicht oder aber zu wenig geschehen (die also zu verbessern sind), und widme ihnen in den nächsten Wochen deine Aufmerksamkeit. Du kannst das im stillen tun, ohne es deinem Partner zu sagen. Aber ebensogut ist es, gemeinsam an einem bestimmten Punkt zu arbeiten. (Wähle bei den ersten Versuchen stets einen Punkt aus, über den ihr euch einig seid.) Nach einigen Wochen könnt ihr die Liste erneut durchnehmen und wieder etwas auswählen, an dem ihr arbeiten wollt.

Schraube deine Erwartungen nicht zu hoch und mache dir oder deinem Partner keine Vorwürfe, wenn, trotz der Abmachung, doch wieder etwas bei euch falsch läuft.

Ein einfacher Hinweis: Schreibe die Liste in Großbuchstaben ab und hänge sie an der Innenseite einer (Schrank)tür auf, die ihr beide regelmäßig öffnet (die Toilette ist gar nicht so schlecht, denn dann habt ihr auch noch ein wenig »Bedenkzeit«).

Aber aufgepaßt! Alle Energie und Zeit, die du in den Erhalt deiner Beziehung steckst, geben dir noch längst nicht die Garantie, daß eine Krise oder sogar die Drohung einer Scheidung ausbleiben werden. Es gibt dir aber die Garantie, daß, soweit es dich betrifft, getan wird, was getan werden kann.

Merke dir aber: Es ist nicht immer gut genug, wenn du dein Bestes tust. Unser Leben hat seine eigenen Gesetze, Regeln und Eigenarten, die wir zum einen Teil beeinflussen können, zum anderen aber auch nicht. Manche Stürme und Krisen haben wir einfach zu erleiden, so unfair es auch ist. Eine dieser Krisen ist die berüchtigte *midlife-crisis*. Das ist keine Erfindung aus unserer Zeit, sondern ein Stadium, um das Menschen und Beziehungen niemals wirklich herumkommen.

Lies das folgende Kapitel über diese Krise, auch wenn du oder dein Partner noch nicht in diesem Alter sind. Lies es auch, wenn du denkst, dieses Alter schon hinter dir zu haben. Manche Menschen sind nun einmal immer etwas später als andere, und du weißt einfach nie, ob das auch für dich gilt.

»Manchmal frage ich mich, ob ich völlig verrückt geworden bin, aber doch, je mehr ich darüber nachdenke, desto mehr komme ich zu dem Schluß, daß ich gut daran getan habe.« Dies sind die Worte eines fünfunddreißig Jahre alten Aktienmaklers, dem es ausgezeichnet ging. Bis der Markt zusammenbrach und er seine Stellung verlor. Er hätte sich eine andere Stelle in seiner Branche suchen können und diese vermutlich auch gefunden, aber er hatte genug von der Geschäftswelt. Sein Interesse für das Malen, zu dem er bis dahin nur am Wochenende Zeit gehabt hatte, begann ihn ganz und gar in Beschlag zu nehmen. Seine Frau konnte die plötzliche Veränderung seines Verhaltens weder begreifen noch akzeptieren. Die großen Einkommenseinbußen störten ihn überhaupt nicht, aber trieben sie in den Wahnsinn und schließlich mit den Kindern aus dem Haus. Sie zog zu ihren Eltern, und das war das Ende einer Beziehung.

Ein klassisches Beispiel der sogenannten *midlife-crisis*, von der noch viele Menschen denken, daß sie eine Erfindung von Modepsychologen aus den siebziger und achtziger Jahren ist. Aber das stimmt keineswegs. Der Name des bewußten Maklers war Paul Gauguin, einer der berühmtesten Maler des vergangenen Jahrhunderts, dessen Gemälde heute Rekordpreise erzielen. Und der Börsensturz, der ihn dazu brachte, das Steuer seines Lebens herumzuwerfen, ereignete sich 1882.

Wie bei Gauguin ist dies »mein Gott, du bist scheinbar verrückt geworden«, die Art Ermutigung, die jemand erwarten kann, der so um sein vierzigstes Lebensjahr herum beschließt, alles hinzuwerfen und ein vollkommen anderes Leben zu beginnen. Übrigens gar nicht so unverständlich, denn der Mann oder die Frau, die mit der Idee spielen, eine gute feste Anstellung, eine reibungslose Karriere oder eine sichere Beziehung an den Nagel zu hängen, spielen das Spiel nicht nach den Regeln. Die Regeln lauten ungefähr wie folgt: Du schließt eine Schulausbildung ab, du wählst einen Beruf, du suchst eine vielversprechende Stelle und richtest dich sicher ein in einem möglichst vorhersagbaren und komfortablen Leben.

Nächste Haltestelle: Pensionierung.

Doch viele Menschen, hauptsächlich Männer, aber auch Frauen, neigen in zunehmendem Maße dazu, von der Hauptstraße abzubiegen und Abenteuer zu suchen, wobei man sie manchmal schon, manchmal aber auch nie mehr wiedersieht. An ihnen vollzieht sich ein Prozeß, der typisch für Menschen zwischen dreißig und vierzig – die Grenzen sind übrigens fließend – ist. Er wird oft geringschätzig umschrieben mit »er (sie) steckt in seiner *midlife-crisis*«, oder etwas poetischer mit »die Dämonen des Mittags sind losgebrochen.

Natürlich haben die Menschen jahrhundertelang ohne *midlife-crisis* gelebt – sie lebten übrigens auch nicht lange genug dafür –, aber dasselbe gilt für das, was wir heute die Adoleszenz nennen, denn auch die ist eine relativ junge Erscheinung. Die *midlife-passage*, wie sie auch genannt wird, ist genauso echt oder unecht wie die Adoleszenz, und für einige von uns ist sie mindestens so stürmisch. Die menschliche Entwicklung endet offensichtlich nicht nach dem einundzwanzigsten Lebensjahr. Von außen kann es scheinen, als ob bei Menschen, die zwischen ihrem einundzwanzigsten und fünfundzwanzigsten Lebensjahr eine Position in der Gesellschaft für sich aufbauen und festigen, nicht viele Veränderungen in der Persönlichkeit oder in der Lebenseinstellung auftreten, doch das rührt eher daher, daß sich diese Veränderungen oft allmählich und im Inneren vollziehen. Darum sind sie aber nicht weniger real. Das bedeutet, daß eine Periode anbrechen kann, in der Freundschaften, die Ehe, der Beruf, lange verteidigte Auffassungen und Gedanken sich manchmal zusammen mit uns verändern oder sogar ganz aufgegeben werden müssen.

Anscheinend muß es so sein. Aus Untersuchungen des amerikanischen Psychologieprofessors Daniel Levinson geht auf jeden Fall hervor, daß ungefähr achtzig Prozent der dreißig- und vierzigjährigen mehr oder weniger turbulente Perioden durchmachen, in denen der aufgewirbelte Staub auf ihre Stellung, ihre Familien und Freunde und Freundinnen niederrieselt. Das Bedürfnis, in dieser Periode das Leben neu zu überdenken, eine Art Lebensrezension zu schreiben, ist vermutlich auch nicht ungesund. Aber einfach ist es nicht. Für keine der betroffenen Parteien. Eine tiefgehende Rückbesinnung auf das, was das Leben für dich bis jetzt bedeutet hat und was du mit dem Rest anfangen wirst, kann nun einmal keine kühle, ausschließlich rationale Sache sein.

Nicht jeder geht übrigens mit einer Menge Lärm durch diese Periode. Es gibt viele, die im stillen, darum aber nicht weniger tiefgehend oder konfus, fühlen, wie sich der Himmel über ihrem Leben verdunkelt. Es ist der Mann, der aus dem Fenster seines Büros, seiner Schulklasse oder seiner Werkshalle starrt mit dem Gefühl eines zehnjährigen Jungen, der lieber irgendwo anders wäre. Es ist die Frau, die aus dem Fenster ihres Hauses starrt, wenn der liebe Mann im Büro und die Kinder in der Schule sind, und sich fragt, »ob es das nun gewesen ist«.

Warum juckt es so viele Menschen in mittleren Jahren in den Fingern, ihrem Leben eine radikale Wendung zu geben? Die Wurzeln dafür müssen wir schon in der Kindheit suchen. Als Kind hatten die meisten Menschen oft die wildesten Phantasien, was sie später in ihrem Leben machen würden und wie sie anderen Menschen durch ihre Taten, ihr Auftreten oder ihre Schönheit imponieren würden. Das heimliche Verlangen, auf die eine oder andere Weise ein Held oder eine Heldin zu sein, um herauszustechen in den Augen anderer, am liebsten vor der ganzen Welt, hat einen recht festen Platz in beinah jeder Jungen- und Mädchenseele. Dies Verlangen wird oft zusätzlich genährt durch Jubelrufe und Ambitionen, die Eltern auf ihre Kinder übertragen.

Es kann sein, daß die Heldenträume in der Teenagerzeit etwas gemäßigter werden und vielleicht etwas mehr der Realität zuneigen, aber noch immer bleiben schuljungenhafte, romantische Vorstellungen erhalten, was man später schließlich alles werden könnte oder sollte. Ein äußerst erfolgreicher Manager, ein berühmter Wissenschaftler, ein umjubelter Schauspieler, ein Top-Fotomodell und auf jeden Fall jemand, der bei anderen einen tiefen Eindruck hinterläßt. Und zwischen ihrem zwanzigsten und fünfunddreißigsten Lebensjahr schuften sich die meisten Menschen kaputt, um sich auf die eine oder andere Weise einen Platz in der Welt zu erobern, Besitz, Status, Bekanntheit und vor allem, wenn es geht, ein bißchen Ruhm und Ansehen. Sie möchten auf jeden Fall etwas darstellen, nicht einfach irgend etwas, sondern etwas Wesentliches, etwas Bleibendes, in den eigenen und in den Augen anderer.

Aus den zahlreichen Interviews Levinsons mit Vierzigjährigen geht hervor, daß sie am Ende ihrer Adoleszenz und am Beginn ihres Erwachsenseins ein Selbstbild aufzubauen beginnen, in dem die gesellschaftliche Rolle im Mittelpunkt steht, und daß sie einen Traum oder »eine Vision« haben von dem, was sie im Leben erreichen. Die Dinge, die sie zwischen ihrem siebzehnten und ihrem fünfunddreißigsten Lebensjahr tun, werden manchmal bewußt, meist aber unbewußt von dieser Vision geleitet. Irgendwann zwischen ihrem fünfunddreißigsten und fünfundvierzigsten Lebensjahr entdecken die meisten Menschen, daß sie nicht erreicht haben oder erreichen werden, was sie sich als Jüngere vorgestellt haben. Kurzum, der Traum scheint nicht in Erfüllung zu gehen, und die Erkenntnis wird gegen Ende dieser Periode unausweichlich deutlich. Und so stehen sie dann vor der Herausforderung oder der Aufgabe, den »Jungen- oder Mädchentraum« und alles, was sie zuvor getan haben, erneut kritisch abzuwägen.

Viele Menschen erleben ein Gefühl der Enttäuschung oder geraten sogar in eine Krise, wenn sie mit dem Unterschied zwischen dem, was sie sind und dem, was sie sich erträumt hatten, konfrontiert werden. Für manche ist diese Ernüchterung so schmerzhaft und versetzt ihrem Selbstrespekt einen solchen Schlag, daß sie nicht wagen, mit der Außenwelt darüber zu sprechen, selbst nicht mit ihren intimsten Freunden oder Freundinnen.

Hinzu kommt noch, daß viele Menschen sich in dieser Periode in zunehmendem Maße ihrer körperlichen Verletzlichkeit bewußt werden, da sie die ersten körperlichen Spuren des Alters deutlich wahrnehmen. Greise oder merklich verfallene Eltern machen ihnen die Tatsache bewußt, daß sie als nächste

Generation an der Reihe sind, wenn diese sterben. Die Erkenntnis, die älteste Generation zu werden, macht ihren eigenen Tod zu einer persönlichen Realität.

Wenn dein eigener Tod psychologische Wirklichkeit wird, beginnst du, die Zeit in Abschnitte einzuteilen und darüber nachzudenken, wieviele Jahre dir noch übrigbleiben, um das im Leben zu erreichen oder mitzumachen, was du für wirklich wertvoll hältst. So eine Lebensrezension sorgt dafür, daß allerlei alte Muster und Verpflichtungen auf den Kopf gestellt oder einfach aufgegeben werden können. Ob das nun ein Beruf, eine Liebesbeziehung oder eine Familie ist. Viele Menschen haben in dieser Periode genug von all diesen Bindungen, weil diese sie für ihr Gefühl in der Freiheit beschränken, nun endlich einmal zu tun, was sie schon immer tun wollten. Dies ist das Syndrom, das Levinson so schön als das BOOM-Syndrom abkürzt, was steht für *Becoming one's own man:* ein vollkommen selbständiger, unabhängiger Mensch werden. Manche Menschen entwickeln sogar ein Gefühl von Wut auf die Menschen in ihrer Umgebung, für die sie sich nach ihrem Gefühl die Hälfte ihres Lebens abgerackert haben, Geld verdient haben, einen Status oder eine Familie aufgebaut haben, um nun zu dem Schluß zu gelangen, daß sie gerade dadurch eine Unmenge von Dingen versäumt haben.

Neue Untersuchungen zeigen, daß viele Menschen zwischen ihrem dreißigsten und vierzigsten Lebensjahr einen anderen Beruf ergreifen, den Partner wechseln. Der Partnerwechsel verläuft übrigens bei Männern meist nach einem festen Muster, nämlich, eine ältere Partnerin gegen eine jüngere oder viel jüngere einzutauschen. Das schafft nicht nur die Illusion, noch einmal ganz von vorne beginnen zu können, eine neue Chance zu haben, sondern auch, sich wieder eine Anzahl von Lebensjahren zurückzuerobern. Vielen Männern hilft dies auch, ihren Selbstrespekt und ihre Männlichkeit aufzurichten, denn wenn man mit fünfundvierzig noch eine Zwanzigjährige ködern kann, hat man bestimmt noch nicht ausgespielt.

Ziemlich viele Menschen in der *midlife-crisis*, die etwas Neues ausprobieren wollen, machen eine Menge von Fehlstarts, aus dem Bedürfnis heraus, Dingen nachzugehen, zu sehen, was möglich ist, herauszufinden, wie es sich anfühlt, eine neue Liebesbeziehung zu beginnen, einen neuen Beruf zu ergreifen oder eine ganz neue geistige Aufgabe anzugehen, wie sich zum Beispiel einer bestimmten Sekte, Bewegung oder neuen Religion anzuschließen. Solche Veränderungen gehen übrigens oft mit vielen Schmerzen und Mühen einher, weil die meisten Menschen in dieser Periode alle möglichen Verpflichtungen, Gewohnheiten und Beziehungen eingegangen sind, die sich nicht einfach so abbrechen oder verändern lassen und bei denen es vielleicht auch sehr schade wäre, das zu tun. Auf jeden Fall bringt die *midlife-crisis* oft für alle Betroffenen eine Menge emotionales und soziales Elend mit sich. Einer der Gründe dafür ist vielleicht, daß wir noch immer Schwierigkeiten damit haben, diesen Entwicklungsschub ernst zu nehmen. Aber ebensogut, wie wir unsere Kinder auf die erste Adoleszenz vorbereiten, sollten wir unsere Erwachsenen auf ihre zweite Adoleszenz vorbereiten. Wahrscheinlich würde es dann viel mehr BÄUME von Männern und Frauen geben, die nicht so schnell entwurzeln, wenn irgendein Traum zerplatzt.

Der lange Abschied

So hart es auch klingt, alle Beziehungen sind dem Tode geweiht. Früher oder später verliert der Partner uns oder wir verlieren unseren Partner, denn vor dem Tod gibt es kein Entkommen. Das ist die schlimmste Krise in einer Beziehung, und es ist zugleich die einzige, von der wir mit Sicherheit wissen, daß wir uns darauf vorbereiten müssen. Es verlangt Mut, die Perspektive des Todes in eine Beziehung miteinzubeziehen. Meist aber kommt es der Qualität der Beziehung zugute, denn im Licht deiner Sterblichkeit (oder der deines Partners) kannst du besser sehen, was wesentlich und was Nebensache – vielleicht sogar Zeitverschwendung – ist. Von daher auch die Regel auf der *Wunschliste*, daß du mit deinem Partner über Sex und Tod sprechen mußt.

An den Tod deines Partners zu denken, desjenigen, den du am meisten liebst, und darüber zu sprechen ist schmerzhaft.

Aber es ist ein heilsamer Schmerz. Ein Schmerz der dich, genau wie bei einer Wunde, dazu bringen kann, mehr Sorge für deine Beziehung zu tragen. Für mich gibt es nichts traurigeres auf der Welt als einen Mann oder eine Frau, die in dem Moment »aufwachen«, in dem es zu spät ist.

Aber wie du dich auch auf das, was unwiderruflich kommen wird, vorbereitet hast, den Schmerz, den du empfindest, wenn es wirklich passiert, kannst du damit nicht wegnehmen. Der ist immer viel größer, als du dachtest. Denn wir Menschen wissen erst, was wir hatten, wenn wir es verloren haben. Darum kann ich keinen anderen Trost bieten als eine Beschreibung des schmerzhaften Trauerprozesses.

Die Bewohner der Dörfer am Hang des Vulkans Stromboli führen schon jahrhundertelang eine merkwürdige Existenz. Regelmäßig grollt und blubbert es im Inneren des Berges, und Rauchschwaden steigen aus dem Kratermund auf. Aber die Dorfbewohner lassen sich dadurch in ihren täglichen Beschäftigungen nicht oder kaum stören. Unruhig werden sie erst, wenn der Berg längere Zeit nichts von sich hat hören lassen und wenn es keine kleinen Ausbrüche im Kratermund gegeben hat. Dann, so vermuten sie, sind die »Ventile« des Kraters von Schlamm verstopft, und es besteht die Möglichkeit, daß sich in dem Berg eine Spannung aufbaut, die irgendwann für einen massiven Ausbruch sorgen kann. Als Vorsorgemaßnahme klettern dann Gruppen von Männern in den Kratermund, um Löcher in den Boden zu hacken oder zu bohren, damit der Berg seine Spannung wieder abreagieren kann. Auf diese Weise haben Mensch und Vulkan schon seit undenklichen Zeiten eine mehr oder weniger friedliche Form der Koexistenz gefunden.

In gewissem Sinne leben wir alle am Hang des Vulkans unseres Gefühlslebens. Eine der heftigsten und erschütterndsten Spannungen, die sich in unserem inneren Vulkan entwickeln kann, resultiert aus dem Verlust eines geliebten Menschen an den Tod. Aus verschiedenen Untersuchungen geht hervor, daß der Verlust eines Partners für den hinterbliebenen Partner oft einhergeht mit einem erhöhten Krankheitsrisiko oder sogar dem Tod, sowie mit der Zunahme von gesundheitsschädlichem Verhalten wie Rauchen, Alkohol trinken oder Medikamente einnehmen. Diese Folgen können verschlimmert oder abgeschwächt werden, abhängig davon, wieviel Unterstützung der hinterbliebene Partner von anderen bekommt und auch abhängig von der Weise, auf die er oder sie selbst im Lauf des Lebens gelernt hat, mit Verlust- oder Krisensituationen umzugehen.

Die Reaktion auf den Verlust durch den Tod nennen wir gewöhnlich Trauer und Kummer. Psychologen und Psychiater haben in den vergangenen Jahren versucht herauszufinden, wie Trauerprozesse genau verlaufen, welche Stadien man darin wiedererkennen kann und was der Unterschied zwischen gesunder und ungesunder Trauer ist. Inzwischen gibt es so viele Trauermodelle, daß ein Normalsterblicher den Wald vor lauter Bäumen nicht mehr sieht. Das einsichtigste – und vielleicht einfachste – Modell ist eine Einteilung in drei Trauerphasen, nämlich die Phase des *Protests*, die Phase der *Desorganisation* und die Phase der *Reorganisation*.

Die Protestphase wird so genannt, weil der Hinterbliebene in dieser Phase hartnäckige Versuche unternimmt, die Verbindung mit dem geliebten Toten festzuhalten oder wiederherzustellen. Das drückt sich in diesem Prozess oft aus durch Unglauben oder Leugnen. Der Hinterbliebene kann zum Beispiel sagen: »Nein, ich glaube es nicht, es ist nicht geschehen.« Er oder sie kann dann einfach den Gedanken nicht akzeptieren oder ertragen, daß der Geliebte tot ist und nie mehr zurückkommt, und fährt oft fort so zu tun, als ob nichts geschehen wäre. Eine dramatische Form des Protests ist der Schockzustand, in dem zeitweilig alle Sinnesorgane, alle Gefühle betäubt sind, lahmgelegt. Solch ein Hinterbliebener sagt im Nachhinein, daß er nichts mehr gefühlt, nichts mehr gesehen, nichts mehr gehört, in einer Art Trance gelebt hätte. Eine solche Abschirmung von der ganzen Welt ist eine Form massiver Verteidigung oder massivem Protest gegen jede Anerkennung der Realität des Verlustes. Manche Hinterbliebenen sind in dieser Phase so verzweifelt, daß sie sogar eine gewisse Wut auf den Toten entwickeln können und ihn oder sie beschwören, nicht wegzugehen, sie nicht zu verlassen: »Wach auf, laß mich nicht im Stich.«

In dieser Phase ist Weinen oft eine Äußerung des Protests, tatsächlich aber auch eine Art Versuch, das Verlorene zurückzubekommen, auf dieselbe Weise, in der ein Kind weint, wenn seine Mutter es kurze Zeit verlassen hat, und damit ein Signal aussendet, daß sie zurückkommen muß. Weinen hat auch die Funktion, andere, die Umgebung, aufmerksam zu machen auf den Verlust und darauf, etwas daran zu tun. Und da andere daran natürlich auch nichts ändern können, kommt es häufig vor, daß Wut oder Aggressionen gegen diese anderen gerichtet werden, wie zum Beispiel gegen einen behandelnden Arzt, dem vorgeworfen wird, daß er nichts getan hat, um den geliebten Menschen am Leben zu erhalten.

Diese Phase des Protests kann einige Minuten dauern, aber manchmal auch Tage, Wochen oder Monate. Es ist ganz normal und gewöhnlich, daß diese Phase eintritt, weil sie eigentlich die einzige Möglichkeit ist, auf die Geist und Körper des Hinterbliebenen reagieren können, um den emotionalen Schmerz des Verlustes zu Beginn innerhalb erträglicher Grenzen zu halten.

Meist verschwindet die Protestphase allmählich, um Platz zu machen für eine Phase der Desorganisation oder Fassungslosigkeit, in der allmählich eine Bewußtwerdung des Verlustes stattfindet. Diese Phase ist die allerschwierigste. Der Hinterbliebene begreift nun, daß der Tod zugeschlagen hat, und das vorherrschende Gefühl ist Traurigkeit, einhergehend mit einem schneidenden Verlangen nach dem Verstorbenen. In einem solchen Zustand scheint das Leben oft leer und sinnlos. Man hat tatsächlich keine Lust mehr am Leben, keinen Hunger mehr, fühlt sich körperlich schlecht, hat oft einen Kloß im Hals und die Neigung, sich aus der gewohnten Welt zurückzuziehen, sich in sich selbst zu kehren. Auf Versuche von anderen Menschen, ihn dort herauszuholen, reagiert der Hinterbliebene oft gereizt und wütend: »Was soll ich mit deinem Mitleid, dadurch bekommen ich ihn auch nicht mehr zurück. Du hast leicht reden, du hast deinen Partner noch.« Der Hinterbliebene beschäftigt sich nun ständig mit der Erinnerung an den Geliebten, Erinnerungen an die Zeit vor und nach dem Tod oder an frühere Jahre, an die schönen und angenehmen Dinge, die man zusammen erlebt hat. Wenn man auch oft nicht daran denken will, diese Art Erinnerung kommt jedesmal unter starken Schmerzen zurück, und es gelingt nicht, sie zu vertreiben. Denn jede Erinnerung ist auch eine Erinnerung an die Tatsache, daß das, was war, nie mehr sein wird. Es ist tatsächlich das schrittweise Begreifen der Unwiderruflichkeit des Verlustes, die Auflösung eines Lebens, das nicht länger möglich ist. Der Hinterbliebene muß sich selbst eigentlich fortwährend mit der Unvereinbarkeit von Wunsch und Wirklichkeit quälen.

Schließlich erwächst aus der dauernden Berg- und Talfahrt eine Art »Springprozession«, die Voraussetzung für den Übergang zum letzten Stadium: das der Reorganisation. In diesem Stadium beginnt der Hinterbliebene allmählich, Energie und Interesse wieder auf die Außenwelt zu richten. Bei manchen Menschen kann es übrigens viele Monate oder selbst Jahre dauern, bevor sie das können; bei anderen geht es schneller. Kennzeichnend ist auf jeden Fall, daß der Hinterbliebene beginnt, die intensive Beschäftigung mit dem verlorenen Geliebten zu vermindern; es wird auf einmal einfacher, die Dinge des Verstorbenen zu ordnen, das Haus neu einzurichten und Vorbereitungen zu treffen. Erinnerungen beginnen verschwommener zu werden, und wenn sie kommen, sind sie nicht mehr so schmerzhaft oder intensiv. Der Vulkan ist noch immer da, aber er bricht nicht mehr so heftig aus. Oft entsteht auch mehr Raum für positive oder liebe Erinnerungen, manchmal selbst ein Gefühl der Dankbarkeit für das, was man (zumindest) gehabt hat.

Nichtsdestotrotz fühlen sich viele Hinterbliebene in dieser Phase manchmal auch schuldig, weil sie wieder Spaß am Leben bekommen, weil sie selbst am Leben sind (warum ich, und er nicht), und weil sie allmählich sehen, daß es neue Möglichkeiten gibt, an denen der geliebte Verstorbene niemals teilnehmen wird. Eine neue Liebesbeziehung zum Beispiel kann zeitweise heftige Gefühle von Untreue, von Verrat am verstorbenen Partner aufkommen lassen. Aber welche Veränderungen es nun auch gibt, es gibt immer bestimmte Aspekte in der Beziehung zu dem Verstorbenen, die gleichbleiben. Erinnerungen, die man hütet, Gewohnheiten, die man beibehält, oder Aufgaben, die man nun vom Verstorbenen übernimmt, wie die Führung eines Geschäfts oder die aktive Mitgliedschaft in irgendeiner Organisation.

Die Identifikation kann übrigens auch negative Folgen haben, wenn die Todesursache zum Beispiel eine Krankheit ist und der Hinterbliebene sich allmählich einbildet, auch an dieser Krankheit zu sterben, fortwährend auf der Suche ist nach Symptomen oder Beschwerden, die dafür sprechen. Trauer und Kummer sind also notwendig für den Loslösungsprozeß, der Gewinn allerdings ist oft mit viel Mühe verbunden, unterbrochen von Rückschlägen, die mit der Zeit vielleicht weniger heftig werden, die aber niemals ganz verschwinden.

C. S. Lewis hat diese Erfahrung sehr eindrucksvoll beschrieben in seinem Buch »A Grief Observed«, das von seiner eigenen Trauer nach dem Tod seiner Frau handelt: »Für mich ist das Programm auf jeden Fall klar. Ich werde so oft wie möglich mit Freude an sie denken. Ich werde sie sogar mit einem Lächeln grüßen. Je weniger ich um sie traure, desto näher scheine ich ihr zu sein. Ein bewundernswertes Programm. Doch manchmal leider undurchführbar. Heute nacht hat sich die Hölle meiner jungen Trauer wieder sperrangelweit aufgetan: die wahnsinnigen Worte, der bittere Groll, die Schmetterlinge in meinem Bauch, die alptraumartige Unwirklichkeit, die eingeschlossenen Tränen. Denn in der Trauer hat nichts seinen festen Platz. Du bist damit beschäftigt, aus der einen Phase herauszukommen, aber du fällst immer wieder zurück. Immer nur im Kreis drehen. Alles wiederholt sich. Laufe ich immer nur denselben Parcours oder darf ich hoffen, daß ich mich in einer Spirale befinde? Und wenn es eine Spirale ist, gehe ich dann nach oben oder nach unten?«

Schluß: Warum du heute anfangen mußt

Von allen Schmerzen, die das Leben uns zu bieten hat, ist Angst vor dem Leben selbst, das heißt, die Angst vor dem, was wir als Menschen sind, vor dem, was der Mensch im Wesen ist, die destruktivste, sinnloseste und also gleichzeitig die am schwersten zu überwindende. Stellen wir also die Gretchenfrage: Was ist der Mensch? Die gnadenlose Antwort auf diese Frage ist meiner Meinung nach die folgende: »Der Mensch ist ein Tier, das, in seinen Exkrementen hockend, vom Paradies träumt.« Denn als Mensch befinden wir uns in einer furchtbar widersprüchlichen Position. Auf der einen Seite können wir uns mit Hilfe unseres Geistes die erhabensten und paradiesischsten Dinge vorstellen. Und auf der anderen Seite fallen wir schließlich doch einen Meter zurück in die Erde, wo wir verwesen wie alle anderen tierischen oder pflanzlichen Lebensformen.

Trotz all unserer Kultur und Technik gibt es nichts im Weltall, dem wir mit Sicherheit entnehmen können, daß es letztendlich etwas ausmacht, daß und wie wir gelebt haben. Lange Zeit haben Menschen geglaubt, daß es nach diesem Leben ein zweites (ewiges) Leben geben würde und daß die Weise, auf die sie jetzt lebten, die Qualität des folgenden Lebens – sei es nun Himmel oder Hölle – bestimmen könnte. Diese Denkweise war eine Art Gegengift gegen Todesangst, denn mit dem Tod des Körpers war noch nicht alles verloren. Die meisten von uns glauben schon lange nicht mehr an ein Leben nach dem Tod. Mit dem Tod ist es, was uns betrifft, für immer vorbei. Darum ist der Tod der größte Verlust, den wir erleiden können, denn mit ihm verlieren wir alles: unseren Körper, unseren Geist, geliebte Menschen, die Dinge, die uns lieb sind, die Möglichkeit, zu fühlen und zu empfinden.

Das Problem ist, daß wir uns als empfindende, lebende Wesen das Nicht-Empfinden nur als eine Empfindung vorstellen können. Der Mensch kann seinen Tod allein als Zuschauer betrachten, so als ob er empfinden könne, daß er tot ist, fühlen könne, daß er nicht mehr fühlen kann, wie weh es tut, seine Kinder nicht mehr heranwachsen zu sehen oder seine Projekte nicht mehr vollenden zu können.

Todesangst ist darum dasselbe wie Angst vor einer allesumfassenden Verlusterfahrung. Für sich betrachtet ist diese Angst normal und gesund. Die Angst bringt uns dazu, bestimmte Risiken zu meiden und lebenserhaltende Schutzmaßnahmen zu ergreifen, um dieser Verlusterfahrung so lange wie möglich die Stirn zu bieten. Aber viele Menschen haben nicht nur »normale« Angst vor dem Tod, sie sind panisch. Sie dürfen nicht daran denken, wie sie sich wohl fühlen mögen in dem Moment, in dem ihr Geist den Körper verläßt. Sie haben eine solche Angst vor dieser Angst, der Trauer oder den emotionalen Schmerzen, die sie glauben dann zu fühlen, daß sie versuchen, jeden Gedanken an den Tod zu unterdrükken und jedes Gespräch darüber zu vermeiden.

Aber durch Verleugnung oder Verdrängung verschwindet die Todesangst nicht. In allerlei Verkleidungen und Gestalten verfolgt sie den Menschen. Oft sind wir uns überhaupt nicht darüber bewußt, daß sich hinter vielen unserer alltäglichen Ängste, vor allem der Angst vor Krankheiten, tatsächlich die panische Angst vor dem Tod und dem Nicht-Mehr-Sein verbirgt. Aus verschiedenen Studien geht hervor, daß sich ca. zwanzig von hundert Menschen regelmäßig – sogar täglich – Sorgen über Schmerzen und Wehwehchen in ihrem Körper machen, für die es auch nach eingehenden Untersuchungen keine medizinische Erklärung gibt. Doch trotz der Beruhigungen ihres Hausarztes oder Spezialisten machen sie sich weiterhin Sorgen über das Funktionieren ihres Körpers. Der Gedanke, daß die Fachleute sich vielleicht geirrt haben, daß sie vielleicht doch etwas am Herzen oder an der Leber haben – oder vielleicht sogar Krebs oder Aids –, läßt sie nicht los. Manchmal wachen sie nachts auf, in Angstschweiß gebadet, weil sie geträumt haben, daß ihre Befürchtungen Wirklichkeit geworden sind. Oder weil ihr Herz so raste, daß sie Angst hatten, es würde springen oder zu schlagen aufhören. Oder sie werden wach, weil sie sich so beklommen fühlen, zum Beispiel als Folge eines Anfalls von Hyperventilation, und haben entsetzliche Angst, zu ersticken und zu sterben. Manche Menschen haben sogar so viel Angst vor einem Funktionsfehler in ihrem Körper, daß sie aus Furcht, nie mehr aufzuwachen, nicht wagen, schlafenzugehen. Andere Menschen grübeln so sehr über ihren Körper, daß sie einfach nicht schlafen können. Wieder andere haben so viel Angst vor einer Krankheit, daß sie nicht wagen, sich untersuchen zu lassen. Aus Furcht zu hören, daß tatsächlich etwas mit ihnen nicht stimmt. Als ob die Möglichkeit, eine ernste Krankheit zu haben, sich verringern würde, wenn sie nicht zum Arzt gehen. In den meisten Fällen sind diese Ängste vor Krankheiten unbegründet, aber viele Menschen vergällen sich ihr Leben damit und werden manchmal wirklich krank. Bei Jüngeren, aber auch bei Menschen mittleren Alters, versteckt sich die Todesangst noch ziemlich häufig hinter der Maske von sich ständig steigerndem Ausdauer- und Konditionstraining mit Hilfe von allerlei gymnastischem Gehampel. Der Jogger oder Fitneß-Süchtige hegt unbewußt die Illusion, daß er seinen Körper so weit entwickeln könne, daß dieser relativ unverletzlich gegen Tod und Verfall wird. Aber tief in seinem Inneren weiß jeder, daß er an einem im voraus verlorenen Rennen teilnimmt. Mit wieviel medizinischem Sachverstand man sich auch umgibt, wieviel Zeit, Energie und Geld man auch steckt in Konditionstraining, Körper- oder Facelifting, dem Preis, der für das Leben bezahlt werden muß, nämlich dem Tod, kann niemand entkommen.

Für unsere geistige Gesundheit ist das Verdrängen des Todes und unsere Angst davor schädlich, und zwar aus folgenden Gründen. Jemand, der sich als Erwachsener regelmäßig verdeutlicht, daß er sterblich ist und nur eine bestimmte Zeit zu leben hat, zwingt sich selbst dazu, kritisch über das Leben, das er geführt hat, nachzudenken. War dies nun wirklich das, was ich in meinem Leben tun wollte? Sind die Dinge, in die ich jetzt meine Zeit und Energie investiere, wirklich die Dinge, die ich wichtig finde? So eine »Rezension« des eigenen

Lebens kann der Anfang von wichtigen Veränderungen der Lebensweise und der Einstellung zum Leben sein.

Das kannst du am eigenen Leibe erfahren, indem du mit dir ein ernsthaftes Experiment machst, das ich regelmäßig in der Psychologenausbildung durchführen lasse. Stell dir vor, daß es heute nacht um zwölf mit dir vorbei ist, daß du tot bist. Diese Möglichkeit besteht wirklich, es ist also nicht zu weit hergeholt, einmal davon auszugehen. Stell dir dann die Frage, was du in den Stunden, die dir noch bleiben, tun würdest. Wenn du eine Zeitlang ernsthaft darüber nachdenkst, wirst du wahrscheinlich merken, daß die Dinge oder die Menschen, die du wirklich wichtig findest, dir von ganz allein in den Kopf kommen. Stell dir dann die Frage, ob es nicht gut wäre, den wirklich wichtigen Dingen mehr Zeit und Energie zu widmen, als du es jetzt tust.

Noch wichtiger aber ist es, sich selbst die Frage zu stellen: Habe ich bis jetzt so befriedigend, gut, vollständig gelebt, daß ich bereit bin, mit dem Tod zu bezahlen, wenn meine Zeit dafür gekommen ist? Wenn deine Antwort auf diese Frage ein herzzerreißendes »Nein« ist, hast du bis jetzt nicht genügend gelebt. Das kann so sein, weil du noch jung bist und einfach noch nicht genügend Zeit und Chancen gehabt hast. Es kann auch sein, daß du nicht mehr so jung bist, aber nicht genügend am Leben teilgenommen hast, nicht gewagt hast, teilzunehmen. Du hast dann Angst vor dem Tod, weil du Angst vor dem Leben hast und darum (zu) viele Chancen verpaßt hast.

Der berühmte Philosoph Kierkegaard hat einmal gesagt, daß viele Menschen erst am Tage ihres Todes wach werden und daß es dann zu spät ist. Darum ist es besser, sich die folgende Geschichte eines alten, weisen Rabbis vor Augen zu führen.

> Eines Tages sagte ein Rabbi zu seinen Schülern, daß jemand, der wirklich weise wäre, am Tag vor seinem Tode mit dem Beten beginnen würde. Nach einigem Nachdenken äußerte einer der Schüler Bedenken, daß man nicht genau wissen könne, an welchem Tag man sterben würde. »Genau«, antwortete der Rabbi, »darum muß man schon heute mit dem Beten beginnen.«